SV

Octavio Paz
Verbindungen – Trennungen

Ein Essay

Aus dem Spanischen
von Elke Wehr und
Rudolf Wittkopf

Suhrkamp Verlag

Titel der Originalausgabe:
Conjunciones y disyunciones
Der Übersetzung liegt die Ausgabe des
Verlages Joaquîn Mortiz, Mexico 1969,
zugrunde.

Zweite Auflage 1984

Druck: Wagner GmbH, Nördlingen
Printed in Germany

Inhalt

Mein Freund Armando Jiménez schlug mir vor, zu seinem Buch *Nueva picardía mexicana* das Vorwort zu schreiben. Ich nahm an, doch nachdem ich ein paar Seiten geschrieben hatte, merkte ich, daß ich, anstatt mich ans Thema zu halten, von ihm abkam und meine Gedanken schweifen ließ. Ich beschloß jedoch, ihnen freien Lauf zu lassen und nicht zu versuchen, sie zu zügeln. Das Ergebnis ist dieser Text: am Anfang ist er ein Kommentar zu dem Buch von Jiménez, doch schon bald dringt er in andere Bereiche ein, wiewohl sie dem Schelmischen benachbart sind. Ich habe den Text in vier Teile unterteilt, die sich wie folgt bezeichnen lassen: I und II sind Reflexionen über eine Metapher und über die beiden Glieder oder Extreme, die sie bilden; III und IV Reihen von Beispielen, die zeigen, wie diese Glieder sich verbinden oder voneinander lösen.

O.P.

I. DIE METAPHER

Die Metapher und ihre Glieder

Von Posada gibt es einen Holzschnitt, der ein abnormes Wesen darstellt: eine Zwergin, von hinten gesehen, doch das Gesicht dem Betrachter zugewandt, und an der Stelle des Gesäßes zeigt sie ein *anderes* Gesicht. Quevedo ist nicht minder explizit, und über einer seiner Jugendschriften prangt der Titel: *Gracias y desgracias del ojo del culo*. Es ist dies ein ausführlicher Vergleich zwischen dem Gesäß und dem Gesicht. Die Überlegenheit des ersteren besteht darin, daß es nur ein Auge hat, wie die Zyklopen, die »von den Göttern des Sehens abstammen«.

Posadas Holzschnitt und Quevedos Metapher scheinen das gleiche auszudrücken: die Übereinstimmung von Gesäß und Gesicht. Gleichwohl gibt es einen Unterschied: der Holzschnitt zeigt, daß das Gesäß ein Gesicht ist; Quevedo stellt fest, daß das Auge des Gesäßes dem Gesicht des Zyklopen gleicht. Wir gehen von der menschlichen Welt zur Welt des Mythos über: wenn das Gesicht bestialisch ist wie das Gesäß (denn eben das sagt Posada), dann ist die Bestialität von beiden göttlich oder dämonisch. Um zu erfahren, wie das Gesicht der Zyklopen aussieht, fragt man am besten Góngora. Lauschen wir also Polyphem in eben dem Augenblick, da er sich im Spiegel des Wassers betrachtet und sein Gesicht entdeckt:

miréme y lucir vi un sol en mi frente
cuando en el cielo un ojo se veía:
neutra el agua dudaba a cual fe preste:
o al cielo humano o al cíclope celeste.

Ich sah mich an: sah eine Sonne brennen
auf meiner Stirn, ein Aug am Himmel droben.

Das Wasser schwankte, wem wir trauen können:
menschlichem Himmel, himmlischem Zyklopen?*

Polyphem sieht sein mißgestaltetes Gesicht als ein *anderes* Firmament. Transformationen: das Auge des Gesäßes: das des Zyklopen: das des Himmels. Die Sonne löst die Dualität Gesicht und Gesäß, Seele und Körper in einem einzigen, alles umfassenden, blendenden Bild auf. Wir erlangen die ursprüngliche Einheit zurück, doch diese Einheit ist weder tierisch noch menschlich, sondern zyklopisch, mythisch.

Es führte zu weit, hier all das zu wiederholen, was die Psychoanalyse uns hinsichtlich des Kampfes zwischen Gesicht und Gesäß, dem (repressiven) Wirklichkeitsprinzip und dem (explosiven) Lustprinzip, gelehrt hat. Ich möchte lediglich darauf aufmerksam machen, daß die von mir erwähnte Metapher – in ihrer aufsteigenden und in ihrer absteigenden Form: das Gesäß als Gesicht und das Gesicht als Gesäß – abwechselnd dem einen und anderen Prinzip dient. Zuerst *entdeckt* die Metapher eine Ähnlichkeit; gleich darauf *verdeckt* sie diese wieder, sei es, weil das Gesäß das Gesicht absorbiert oder umgekehrt. Auf die eine oder andere Weise verschwindet die Ähnlichkeit, und der Gegensatz zwischen Gesäß und Gesicht taucht verstärkt wieder auf. Im ersten Augenblick erscheint uns die Ähnlichkeit unerträglich – und deshalb lachen oder weinen wir; darauf erscheint uns der Gegensatz unerträglich – und deshalb lachen oder weinen wir. Wenn wir sagen, daß das Gesäß gleichsam ein anderes Gesicht ist, negieren wir die Dualität Seele und Körper: wir lachen, weil wir die Diskordanz, die wir sind, aufgehoben haben. Nur ist der Sieg des Lustprinzips von kurzer Dauer. In dem Augen-

* Deutsch von Lothar Klünner

blick, da unser Lachen die Versöhnung von Seele und Körper feiert, macht es sie wieder zunichte, kehrt sie ins Lächerliche. Tatsächlich ist das Gesäß ernst; das Organ des Lachens ist das gleiche wie das der Sprache: Zunge und Lippen. Wenn wir über das Gesäß – diese Karikatur des Gesichts – lachen, bestätigen wir unser Gespaltensein und besiegeln die Niederlage des Lustprinzips. Das Gesicht lacht über das Gesäß, und damit zieht es zwischen Körper und Geist erneut eine Trennungslinie.

Weder der Phallus noch das Gesäß haben Sinn für Humor. Düster, wie sie sind, sind sie aggressiv. Ihre Aggressivität ist das Ergebnis der Repression durch das lächelnde Gesicht. Baudelaire hat das viel früher erkannt als Freud: das Lächeln und das Komische im allgemeinen sind die Stigmen der Erbsünde oder, mit anderen Worten, die Merkmale unserer menschlichen Natur, das Ergebnis und das Zeugnis unserer gewaltsamen Trennung von der natürlichen Welt. Das Lächeln ist das Zeichen unserer Dualität; wenn wir bisweilen über uns selbst lachen, ebenso bitter und bissig wie wir tagtäglich über die anderen lachen, so deshalb, weil wir tatsächlich immer zwei sind: das Ich und der *andere*. Aber die gewaltigen Ausflüsse des Phallus, die Konvulsionen der Vulva und die Explosionen des Anus lassen das Lachen auf unserem Gesicht gefrieren. Unsere Prinzipien geraten ins Wanken, erschüttert von einem psychischen Beben, das nicht minder gewaltig ist als das der Erde. Von der Violenz unserer Empfindungen und Vorstellungen aufgepeitscht, löst sich der Ernst in Gelächter auf. Das Ich und der *andere* vermischen sich; mehr noch: das Ich wird vom *anderen* völlig beherrscht. Das Gelächter ähnelt dem physischen und psychischen Spasmus: wir platzen vor Lachen. Diese Explosion ist das Gegenteil des Lächelns, und ich bin mir nicht ganz sicher, ob man sie komisch nennen kann. Komik setzt zwei Menschen voraus, den Betrachter und den, der betrachtet wird, während beim schallenden Gelächter die Unterscheidung verwischt oder zumindest schwächer wird. Es hebt nicht nur die Dualität auf, sondern führt uns auch zwangsläufig dazu, daß wir im allgemeinen Lachen aufgehen, im großen physischen und kosmischen Getöse des Anus und des Phallus: dem Vulkan und dem Monsun.

Auch das Lachen ist eine Metapher: das Gesicht wird zum Phallus, zur Vulva oder zum Anus. Auf der psychischen Ebene ist es das Äquivalent dessen, was auf der verbalen Ebene die Äußerungen der Dichter und Satiriker sind. Seine Explosion ist eine nicht minder starke Übertreibung als das dichterische Bild Góngoras und die pointierte Sprache Quevedos. Beide sind das Doppel der physischen und kosmischen Gewalt. Das Ergebnis ist eine Verwandlung: wir springen von der Welt der Dualität, die vom Realitätsprinzip beherrscht wird, in die des Mythos der ursprünglichen Einheit. So ist das unbändige Lachen nicht nur eine Antwort auf das Lustprinzip, und ebensowenig dessen Kopie oder Reproduktion, obgleich es beides auch ist: es ist die Sublimierung der Lust und ihre Metapher. Das Gelächter ist eine (vorläufige) Synthese zwischen Seele und Körper, dem Ich und dem *anderen*. Diese Synthese ist eine Art von Transformation oder Übertragung ins Symbolische: wir gleichen wieder den Zyklopen. *Wieder:* Das Gelächter ist eine Rückkehr zu einem früheren Zustand; wir kehren zur Welt der kollektiven oder individuellen Kindheit, zum Mythos und zum Spiel zurück. Es ist dies eine Rückkehr zur Einheit des Anfangs, vor dem Du und dem Ich, zu einem Wir, das alle Menschen, Tiere und Elemente umfaßt.

Die andere Antwort auf die Violenz des Fleisches ist der

Ernst, der Gleichmut. Es ist die philosophische Antwort, so wie das Gelächter die mythische Antwort ist. Der Ernst ist die Eigenschaft der Asketen und der Libertins. Das Gelächter ist Lockerung; die Askese Straffung: sie macht den Körper hart, um die Seele zu schützen. Es mag seltsam erscheinen, daß ich dem Asketen den Libertin zur Seite stelle; dem ist jedoch nicht so: auch die Libertinage ist eine Abhärtung, zuerst des Geistes und dann der Sinne. Eine umgekehrte Askese. Mit dem ihm eigenen Scharfsinn bemerkt Sade, daß der libertine Philosoph nach der Empfindungslosigkeit der alten Stoiker, nach Ataraxie trachten muß. Seine erotischen Archetypen sind die Steine, die Metalle, die erkaltete Lava. Entsprechungen, Gleichungen: Phallus und Vulkan, Vulva und Krater. Mit seiner Glut und Vehemenz einem Vulkanausbruch vergleichbar, muß der Libertin hart sein, so hart wie die Steine und die Felsen, die nach der Eruption die Ebene bedecken. Freiheit, der philosophische Zustand par excellence, ist gleichbedeutend mit Härte.

Eine merkwürdige Koinzidenz – die bei näherer Betrachtung gar nicht so merkwürdig ist – mit dem *Vajrayāṇa*-Buddhismus, der den Weisen und den Heiligen, den Adepten, der zugleich die Weisheit und die Befreiung erlangt hat, als einen Menschen auffaßt, der nach dem Bilde des Diamanten geschaffen ist. *Vajrayāṇa* ist der Weg oder die Lehre des Blitzes und des Diamanten. *Vajra* bezeichnet den Blitz und ebenso die diamantene Härte, die Unverletzbarkeit und Unzerstörbarkeit sowohl der Lehre als auch des Zustands der Glückseligkeit, den der Asket erlangt. Zudem bezieht sich *vajra* im Ritus und in der Sprache der Tantriker auf das männliche Geschlechtsorgan. Die Vulva ist das »Haus von *vajra*« und ebenso die Weisheit. Reihen von Metaphern, aus Begriffen zusammengesetzt, die teils der materiellen, körperlichen Welt angehören, teils der geistigen, unkörperlichen Welt: der Blitz und der Phallus, die Vulva und die Weisheit, der Diamant und die Glückseligkeit des befreiten Yogi. Die Reihe materieller Begriffe gipfelt in einer Metapher, die das himmlische Feuer mit der Härte des Diamanten gleichsetzt: Erstarrung der Flamme; die Reihe der psychischen Begriffe löst sich auf in einem weiteren Bild, in dem die sexuelle Vereinigung nicht zu unterscheiden ist von der Entsagung des Asketen während der Meditation: Verwandlung der Leidenschaft in Essenz. Aus den zwei Metaphern wird am Ende eine: Verschmelzung von Makrokosmos und Mikrokosmos. Solche Paare gegensätzlicher Begriffe, wie ich sie hier angeführt habe, finden sich in allen Kulturen. Für den tantrischen Buddhismus ist jedoch bezeichnend, daß sich diese Dualität gerade in der Polarität Feuer/Diamant und Erotik/Entsagung äußert. Nicht weniger bemerkenswert ist die Auflösung dieses doppelten Gegensatzes durch die Dominanz des jeweils zweiten Gegensatzelements: Diamant/Entsagung. Der höchste Buddha ist *Vajrasattava*, in Sanskrit »diamantene Essenz«; die Tibetaner nennen ihn »den Herrn der Steine«. Überraschend ist, daß *vajra* (der Blitzstrahl) ursprünglich die Waffe Indras, des fröhlichen und zügellosen vedischen Gottes war. Wie man sieht, spannt sich über die Jahrhunderte hinweg ein Bogen, der die beiden Pole des menschlichen Geistes verbindet. Ein Bogen, der in diesem Fall von Indra, dem Gott des Gewitters und des Rausches und des fürchterlichen Gelächters, das alle Elemente ins Urchaos stürzt, bis zu dem gleichmütigen, unerschütterlichen und diamantenen Buddha führt, der in die Betrachtung seiner irisierenden Leere versunken ist. Von der vedischen Hymne zum Lehrbuch der Meditation, vom Blitz zum Diamanten, vom Gelächter zur Philosophie. Der Übergang vom Feuer zum Stein, von der Leidenschaft zur Härte in der religiösen Tradition Indiens ist analog dem in der europäischen libertinen Philosophie. Der Unterschied besteht darin, daß erstere uns eine umfassende, wenngleich schwindelerregende Sicht des Menschen und der Welt bietet, während letztere in einer Sackgasse endet. Kurz, wir leben zwischen dem Beben der Erde und der Erstarrung, zwischen Mythos und Philosophie. Einerseits reißen die Konvulsionen des Lachens das Gebäude unserer Prinzipien ein und laufen wir Gefahr, unter den Trümmern begraben zu werden; andererseits droht die Philosophie – gleich welche Maske wir wählen: die Calvins oder die Sades – uns bei lebendigem Leibe zu mumifizieren. Schweifende Gedanken im Schatten der Coatlicue: Zerstörung durch Bewegung oder durch Regungslosigkeit. Ein Thema für einen aztekischen Moralisten.

Verkörperung und Auflösung

Seit seiner Menschwerdung ist der Mensch der Aggression ausgesetzt: der Aggression der anderen und der seiner eigenen Triebe. *Seit seiner Menschwerdung* heißt zunächst seit seiner Geburt, und dann, seit die Gattung sich zum aufrechten Gang erhob. In diesem Sinne ist unsere Bedingtheit nicht geschichtlich: die Dialektik von Lust- und Realitätsprinzip entfaltet sich in einem Bereich, der unberührt ist von den gesellschaftlichen Veränderungen der letzten achttausend Jahre. Einen Unterschied gibt es jedoch: die frühen Gesellschaften schufen Institutionen und Methoden, die leichter und mit weniger Gefahr für die Gattung als heute die Aggressionstriebe absorbierten und umwandelten. Auf der einen Seite die Mechanismen der Symbolisierung: ein System der Umwandlung von Obsessionen, Impulsen und Trieben in kollektive Mythen und Bilder; auf der anderen Seite die Riten: Verkörperung dieser Bilder in Zeremonien und Festen. Ich muß wohl kaum betonen, daß ich weder an die Überlegenheit der uns voraufgehenden Zivilisationen noch an die der unsrigen glaube. Ich fürchte, daß die »gesunde Gesellschaft« eine Utopie ist; wenn sie es nicht ist, dann ist ihr Platz weder in der Vergangenheit noch in der Zukunft, zumindest nicht in der Zukunft, wie wir sie von der Gegenwart aus sehen.[1] Trotzdem ist es in meinen Augen offensichtlich, daß die Frühzeit (oder die frühen Gesellschaften, denn es gibt mehrere) über einen weitaus breiteren und wirksameren Fächer an Möglichkeiten der Sublimierung und Verkörperung gebot als wir.

Die sogenannten primitiven Kulturen haben ein System von Metaphern und Symbolen geschaffen, die, wie Lévi-Strauss aufgezeigt hat, geradezu einen Code aus zugleich sinnlich und intellektuell erfaßbaren Zeichen bilden: eine Sprache. Funktion der Sprache ist es, zu bedeuten und die Bedeutungen zu kommunizieren, doch wir modernen Menschen haben das Zeichen auf die bloße intellektuelle Bedeutung und die Kommunikation auf die bloße Übermittlung von Information reduziert. Wir ha-

1 Lévi-Strauss glaubt, daß wir das Goldene Zeitalter, wenn es eines gab, in den Dörfern des Neolithikums ansiedeln müssen. Vielleicht hat er recht. Der Staat befand sich im Embryonalzustand, es gab so gut wie keine Arbeitsteilung, bekannt waren weder das Metall (Waffen) noch die Schrift (Schriftgelehrtenbürokratie/Masse der Sklaven), und die Religion war noch nicht in der Form eines Klerus organisiert. Vor einigen Jahren sagte mir Kostas Papaioannou beinahe dasselbe, als er mir einige weibliche Fruchtbarkeitsfigurinen zeigte: die Glückseligkeit in Person, das Einverständnis mit der Welt.

ben vergessen, daß die Zeichen sinnlich wahrnehmbare Dinge sind und auf die Sinne wirken. Ein Geruch übermittelt eine Information, die von der Empfindung nicht zu trennen ist. Das gleiche gilt für den Geschmack, den Klang und jede Form sinnlichen Ausdrucks und Eindrucks. Die Strenge der »sinnlichen Logik« der Primitiven erstaunt uns durch ihre intellektuelle Genauigkeit; nicht weniger außergewöhnlich ist der Reichtum ihrer Wahrnehmungen: wo die Nase eines modernen Menschen nur einen unbestimmten Geruch wahrnimmt, erkennt ein Wilder eine ganze Skala verschiedener Düfte. Das Erstaunlichste dabei ist das System, die Art und Weise, in der alle diese Zeichen miteinander verknüpft werden und dergestalt ein Geflecht symbolischer Gegenstände bilden: die Welt, verwandelt in eine Sprache der Sinne. Zweifaches Wunder: mit dem Körper sprechen und die Sprache in einen Körper verwandeln.

Ein anderer Weg der Absorbierung, Umwandlung und Sublimierung: die zyklische Zeit. Der wiederkehrende Tag ist in Wirklichkeit eine Rückkehr der vorangegangenen Zeit, Eintauchen in eine Vergangenheit, die gleichzeitig die eines jeden und die der Gruppe ist. Das Rad der Zeit, das sich dreht, erlaubt der Gesellschaft, die verschütteten oder unterdrückten psychischen Strukturen zurückzugewinnen und sie in eine Gegenwart zu integrieren, die zugleich eine Vergangenheit ist. Es ist nicht nur eine Rückkehr der Alten und ihrer Welt: es ist die Möglichkeit für jedes Individuum, sich seinen lebendigen Anteil an Vergangenheit wieder anzueignen. Die Psychoanalyse will den vergessenen Vorgang erhellen, dergestalt, daß die Heilung bis zu einem gewissen Grad in einer Zurückgewinnung der Erinnerung besteht. Der alte Ritus entfaltet sich auf einer ganz anderen Ebene als der des Bewußtseins:

nicht das Gedächtnis erinnert sich der Vergangenheit, sondern die Vergangenheit kehrt wieder. Es ist das, was ich an anderer Stelle die *Verkörperung der Bilder* genannt habe.

Unter diesem Gesichtspunkt ist die Kunst das moderne Äquivalent des Ritus und des Festes: der Dichter und der Romancier konstruieren symbolische Gegenstände, Organismen, die Bilder ausstrahlen. Sie tun, was der Wilde tut: sie verwandeln die Sprache in Körper. Die Wörter sind keine Dinge mehr: sie beleben sich, *werden Körper*, ohne deshalb ihren Zeichencharakter zu verlieren. Auch der Musiker schafft körperliche Sprachen, sinnlich wahrnehmbare Geometrien. Im Gegensatz zum Dichter und zum Musiker machen der Maler und der Bildhauer aus dem Körper eine Sprache. Ein Beispiel: das berühmte Gemälde *Venus im Spiegel* ist eine Abwandlung der Metapher Geschlecht/Gesicht. Eine Abwandlung, die eine Antwort ist auf das sprachliche Bild Quevedos und die graphische Metapher Posadas: auf dem Gemälde von Velázquez gibt es keine Erniedrigung des Gesichts oder des Geschlechts. Augenblick einer wunderbaren Übereinstimmung. Die Göttin – nichts ist weniger überirdisch als dieses Mädchen, das sich gewissermaßen auf seiner eigenen Nacktheit ausstreckt – wendet dem Betrachter den Rücken zu, wie die Zwergin Posadas. In der unteren Hälfte, im Zentrum des Gemäldes, genau an der Stelle, wo im Osten die Sonne auftaucht, das vollkommene Rund der Hüften. Gesäß-Gestirn. Oben, höher am Horizont, im Zenit, in der Mitte des Himmels: das Gesicht des Mädchens. Ihr Gesicht? Eher, wie bei Góngoras Polyphemos, seine Spiegelung im »neutralen Wasser« eines Spiegels. Schwindelerregend: der Spiegel reflektiert das Gesicht eines Bildes, Spiegelung einer Spiegelung. Grandiose Kristallisierung eines Augenblicks, der in Wirklichkeit schon längst verflogen ist . . .

Gemälde und Gedicht: einsame Riten des Betrachtens und des Lesens, Fest der Phantasmen, Bankett der Spiegelungen. Die Bilder verkörpern sich in der Kunst, nur um im Akt des Lesens und des Betrachtens wieder körperlos zu werden. Zudem glaubt der Künstler an die Kunst und nicht, wie der Primitive, an die Wirklichkeit seiner Visionen. Für Velázquez ist die Venus ein Bild, für Góngora ist das Sonnenauge des Zyklopen eine Metapher, und für Quevedo ist der zyklopische Anus ein Begriff mehr, eine *Scharfsinnigkeit*. In allen drei Fällen: etwas, das nicht dem Bereich der Wirklichkeit angehört, sondern dem der Kunst. So verschmilzt die poetische Sublimierung fast völlig mit dem Todestrieb. Gleichzeitig kleidet sich die Kommunikation mit den anderen in die Form des Lesens. Auch der Primitive entschlüsselt Zeichen, auch er liest, nur sind seine Zeichen ein Doppel seines Körpers und des Körpers der Welt. Das Lesen des Primitiven ist körperlich.

So gekünstelt sie uns erscheinen mögen, waren Quevedos Scharfsinnigkeit und Góngoras Metapher doch noch lebendige Sprache. Wenn das 17. Jahrhundert auch vergessen hatte, daß der Körper eine Sprache ist, so wußten seine Dichter doch eine Sprache zu schaffen, die wir, vielleicht gerade auf Grund ihrer Kompliziertheit, als lebendigen Körper empfinden. Dieser Körper ist nicht menschlich: es ist der Körper der Zyklopen und Sirenen, der Zentauren und der Teufel. Eine Sprache, gemartert und besessen wie ein vom Teufel besessener Leib. Will man die gewundenen Wege des Fortschritts der Abstraktion und Sublimierung ermessen, braucht man nur die Sprache Quevedos mit der von Swift zu vergleichen. Letzterer ist als Schriftsteller weitaus freier als der Spanier, doch seine Kühnheit ist letztlich eine rein intellektuelle. An Quevedos sinnlicher Heftigkeit, besonders im skatologischen Bereich, hätte Swift Anstoß genommen. Eine Sache nicht der Moral, sondern des Geschmacks: im Bereich der Ideen und Gesinnungen ist alles erlaubt, nicht aber im Bereich der Sensibilität. Das libertine Jahrhundert war auch Erfinder des guten Geschmacks. Die Unterdrückung verschwindet im einen Bereich, um im anderen wieder aufzutauchen, jedoch nicht mehr unter der Maske der Moral, sondern hinter dem Schleier einer Ästhetik.

Wir kennen Swifts Abscheu vor der weiblichen Anatomie, ein Abscheu, der vom heiligen Augustinus herrührt und den wir bei zwei modernen Dichtern wiederfinden: Yeats und Juan Ramón Jiménez. Dieser sagte, in seinem besten Gedicht *(Espacio)*: »Amor, amor, amor (lo cantó Yeats) es el *lugar del excremento*.« (Liebe, Liebe, Liebe [so sang Yeats] ist der *Ort des Exkrements*.) Auch wenn Quevedo wahrscheinlich die gleiche Abneigung empfand – Frauenfeind, Hurenbock und Petrarkist, der er war –, so verrät seine Reaktion doch mehr Einsicht und ist, als Ausdruck seines Pessimismus, ehrlicher: »Es ist unvergleichlich besser (das Auge des Anus verglichen mit denen des Gesichts), denn bei Männern und Frauen geht es stets einher mit den Geschlechtsorganen, und das beweist, daß es gut ist, nach dem alten Sprichwort: *Sage mir, mit wem du umgehst, und ich sage dir, wer du bist.*« Das System symbolischer Umwandlungen des Katholizismus bietet immerhin die Möglichkeit – selbst in dem Augenblick, da die Gegenreformation den Rückzug antritt, und sei es auch durch die Mittel der Satire und der Skatologie –, physisch von den physischen Dingen zu sprechen. Obwohl Swift geistig freier ist als der spanische Dichter, stößt seine Sinnlichkeit auf nicht minder strenge Verbote, als sie Quevedo von der Neuscholastik, der absoluten Monarchie und der Inquisition auferlegt wurden.

In dem Maße, wie sich die Repression von der Vernunft zurückzieht, mehren sich die Tabus der sinnlichen Sprache. Das Extrem ist Sade. Niemand hat derart brennende Themen in einer derart kalten und schalen Sprache abgehandelt wie er. Sein sprachliches Ideal – wenn er sich nicht der Raserei überläßt – ist eine erotische Geometrie und Mathematik: die Körper als Chiffren und logische Symbole, die Liebespositionen als Syllogismen. Die Abstraktion grenzt auf der einen Seite an Gefühlskälte, auf der anderen an Langeweile. Ich habe nicht die Absicht, Sades Genie in Abrede zu stellen, wenn auch die Scheinheiligkeit, die ihn seit Jahren umgibt, in mir die Lust weckt, den großen Lästerer zu lästern, aber nichts und niemand wird mich dazu bewegen, ihn als einen sinnlichen Schriftsteller zu bezeichnen. Der Titel eines seiner Werke bringt seine Sprache und seinen Stil geradezu programmatisch zum Ausdruck: »Die Philosophie im Boudoir«. Das Feuer der Leidenschaft entzündet sich erst wieder im 19. Jahrhundert und wird von den Dichtern der Romantik entfacht, die an die eine und einzige Liebe und an das Erhabene der Leidenschaften glaubten. Die Welle der Romantik trägt uns zu Joyce und den Surrealisten. Ein Prozeß, der umgekehrt verläuft als bei Sade und im 18. Jahrhundert: vom Diamant zum Blitzstrahl, von der Ataraxie zur Leidenschaft, von der Philosophie im Boudoir zur Poesie unter freiem Himmel. Und jetzt droht uns erneut eine Eiszeit: auf den kalten Krieg folgt die kalte Libertinage. Symptom für den Abfall erotischer Spannung: der Verfall der Formen. Denn das Lustprinzip, das Explosion und Subversion ist, ist auch und vor allem Ritus, Repräsentation, Fest oder Zeremonie. Opfer und *Courtoisie*: Eros ist imaginär und zyklisch, das Gegenteil des »Happenings«, das nur einmal stattfindet.

Der Reichtum der sprachlichen Erfindungen der *Nueva picardía mexicana*[2] kontrastiert mit der plumpen Einfachheit, ja sogar Heuchelei des ethischen Systems, das den meisten Erzählungen und Redensarten zugrunde liegt. Aberglauben, Vorurteile, Tabus. Der Machismo und seine Folgen: Frauenfeindlichkeit und irrationaler Haß auf »Pfaffen« und »warme Brüder«. Letzteres trotz oder vielmehr auf Grund der homosexuellen Wurzeln dieser hispanoamerikanischen Einstellung. Im Grunde hassen unsere »Machos« die Frau und beneiden den Homosexuellen: es ist nicht verwunderlich, daß sie sich in Revolverhelden verwandeln. So liegt der Reiz von Jiménez' Werk vor allem im Sprachlichen und im Poetischen. Hier gibt es tatsächlich eine *Sprache in Bewegung:* ständige Rotation der Wörter, ungewöhnliche Spiele zwischen Klang und Bedeutung, Sprache in fortwährender Metamorphose. *Les mots font l'amour*. Sprachlicher Erotismus und intellektueller und moralischer Kleinmut. Die Texte der *Nueva picardía mexicana* sind, verglichen mit denen unserer jungen Schriftsteller heute, nicht gewagt, doch sollte so mancher von ihnen (die älteren wurden bereits in die Akademie aufgenommen) sich die Lektion der von Jiménez veröffentlichten »Wortspiele« zu eigen machen.

Ich habe das Thema der Sprache deshalb so eingehend behandelt, weil Phallus und Vulva nicht nur symbolische Gegenstände (Organe) sind, sondern auch Symbole ausstrahlen. Sie sind die leidenschaftliche Sprache des Körpers. Eine Sprache, die nur Krankheit und Tod zum Schweigen bringen – nicht die Philosopie. Der Körper ist nicht deshalb imaginär, weil er der Wirklichkeit ent-

2 Armando Jiménez, *Nueva picardía mexicana,* Mexico 1960

behrte, sondern weil er die wirklichste Wirklichkeit ist: das endlich greifbare und dennoch wechselnde und zum Verschwinden verurteilte Bild. Den Körper beherrschen heißt die Bilder unterdrücken, die er ausstrahlt – genau darin bestehen die Praktiken des Yogi und des Asketen. Oder seine Wirklichkeit auflösen – und das tut der Libertin. Beide wollen den Körper mit seinen Bildern und Alpträumen – mit seiner Wirklichkeit – überwinden. Denn die Wirklichkeit des Körpers ist ein Bild in Bewegung, das durch das Verlangen fixiert wird. Wenn die Sprache die vollkommenste Form der Kommunikation ist, kann die Vollkommenheit der Sprache nur eine erotische sein, die den Tod und das Schweigen mit einschließt: das Versagen der Sprache . . . Das Versagen? Das Schweigen ist nicht das Versagen, sondern die Vollendung, die *Kulmination* der Sprache. Und weshalb behaupten wir so hartnäckig, der Tod sei *absurd?* Was wissen wir vom Tod?

Unter diesem Gesichtspunkt enttäuscht mich das Buch von Jiménez (es ist dies keine Kritik, sondern ein Geständnis), so wie mich alle Witze und Erzählungen der pikaresken Dichtung anderer Länder und Sprachen enttäuschen. Gewiß, die Wurzeln von Witz und Kunst sind dieselben, wie es immer wieder heißt, seit Freud seine berühmte Abhandlung zu diesem Thema geschrieben hat. Dabei vergißt man jedoch oft, daß die ursprüngliche Ähnlichkeit sich am Ende in einen Unterschied verwandelt. Beide, Witz und Gedicht, sind Ausdruck des Lustprinzips, das für einen Augenblick über das Realitätsprinzip siegt. In beiden Fällen ist der Sieg imaginär; nur daß der Witz sich auflöst, während es in der Kunst einen Formwillen gibt, den das Schelmische nicht kennt. Ist die Form ein Sieg über den Tod oder nur eine neue Falle von Thanatos und seiner Komplizin, der Sublimierung? Vielleicht weder das eine noch das andere: sie ist frenetische Liebe, verzweifeltes und unendlich geduldiges Verlangen nach Fixierung – nicht des Körpers, sondern seiner Bewegung: des sich auf den Tod zubewegenden Körpers. Des Körpers, der erschüttert, der bewegt wird von der Leidenschaft. Ich leugne nicht, daß die Kunst, wie alles, was wir tun, Sublimierung ist, Kultur, und damit Huldigung an den Tod. Ich füge hinzu: eine Sublimierung, die sich verkörpern, zum Körper zurückkehren will. Der Witz ist exemplarisch und, ob zynisch oder satirisch, moralisch. Seine letzte Moral besteht darin, sich aufzulösen. Kunst ist das Gegenteil von Auflösung, im physischen und geistigen Sinne des Wortes: sie ist Konzentration, Verlangen auf der Suche nach Verkörperung.

II. VERBINDUNGEN

Ein unheilvolles Gold[1]

Die *Nueva picardía mexicana* hat einen psychologischen und soziologischen Aussagewert, der unmittelbarer ist als der sprachliche und nicht weniger bedeutend als dieser. Ich habe nicht die Absicht, mich mit diesem Thema zu beschäftigen: andere werden das besser machen. Ich möchte nur anmerken, daß dieses Buch ein Repertorium unserer Wünsche und Ängste, unserer Kühnheiten und Feigheiten ist. In diesem Sinne wirft es ein scharfes, wenngleich indirektes Licht auf das innere und äußere Unterdrückungssystem der mexikanischen Gesellschaft. Wenn die Obsession des Phallus und der Vulva auch universal ist, so sind die Formen, in denen wir sie ausdrücken, doch mexikanisch. Das gilt auch für die Zielscheiben, gegen die sich unsere Schelmereien richten. Zum Beispiel: Obwohl es überall revolutionäre und/oder institutionelle politische Parteien gibt, existiert nicht überall eine Institutionelle Revolutionäre Partei (PRI); seit die Welt besteht, gibt es Neureiche, aber nur in Mexiko ist die Bourgeoisie »revolutionär«; mögen *»Die Kinder von Sánchez«*[2] auch nicht glückloser sein als die Söhne des Negers Smith aus Chikago oder die des Sizilianers Pedroni aus Palermo, so sind sie doch anders. 1968 war das Jahr der Unruhen: Tränengas und Knüppelhiebe in Paris, Tokio, Delhi, Rom, Berlin – und Panzer in Prag, Chikago und Mexiko. Unsere Revolte paßte sich dem blutigen mythischen Archetyp an, der seit Itzcoatl unsere Geschichte beherrscht, und ereignete sich auf der alten Plaza de Tlatelolco, die heute Plaza de las Tres Culturas heißt: der aztekische, der spanische und der moderne Ritus.

1 Mallarmé, *Un or néfaste incite pour son beau cadre une rixe . . .*
2 Oscar Zenis: *Die Kinder von Sánchez*, Zanuv, Bornheim 1983

Es ist nur natürlich, daß die Satire gegen die herrschenden Systeme und Klassen eines der konstanten Themen der *Nueva picardía mexicana* ist: das Lustprinzip ist subversiv. Die herrschende Ordnung, gleich welcher Art, ist repressiv: sie ist die Ordnung der Herrschaft. Die Gesellschaftskritik kleidet sich häufig in die Form des Spottes angesichts der Pedanterie der Gebildeten und der Lächerlichkeiten der »guten Erziehung«. Sie ist ein implizites, bisweilen auch explizites Lob der Weisheit der Unwissenden. Es gibt zwei Wertsysteme: die Kultur der Armen und die der Reichen. Erstere ist ererbt, unbewußt und alt; letztere ist erworben, bewußt und modern. Der Gegensatz zwischen beiden ist lediglich eine Variante der alten Dichotomie von Spontaneität und Bewußtsein, natürlicher Gesellschaft und kultivierter oder künstlicher Gesellschaft. Wieder einmal Rousseau und Hobbes: die künstliche Gesellschaft ist autoritär und hierarchisch; die natürliche ist frei und egalitär. Der Sexus ist subversiv nicht nur, weil er spontan und anarchistisch ist, sondern weil er egalitär ist: er ist namen- und klassenlos. Und vor allem: gesichtslos. Er ist nicht individuell: er ist generisch. Die Gesichtslosigkeit des Geschlechts ist der Ursprung sämtlicher Metaphern, die ich angeführt habe, und, darüber hinaus, Ursprung unseres Unglücks. Geschlecht und Gesicht sind voneinander getrennt, das eine ist unten, das andere oben; und damit nicht genug: das erste wird durch die Kleidung verdeckt, und das zweite ist nackt. (Die Verhüllung des Gesichts der Frau, wie bei den Mohammedanern, kommt daher der Aussage gleich, daß sie wirklich kein Gesicht hat: ihr Gesicht ist Geschlecht.) Diese Trennung, die uns zu menschlichen Wesen gemacht hat, verurteilt uns zur Arbeit, zur Geschichte und zur Errichtung von Grabmalen. Sie verurteilt uns auch dazu, Metaphern zu erfinden, um sie wieder aufzuheben. Das Geschlecht und alle seine Bilder – von den komplexesten bis hin zu Kasernenwitzen – erinnern uns daran, daß es eine Zeit gab, in der das Gesicht dem Boden und den Geschlechtsorganen nahe war. Es gab keine Individuen, denn alle waren Teil des Ganzen. Dem Gesicht erscheint diese Erinnerung unerträglich, und deshalb lacht es – oder speit. Das Geschlecht sagt uns, daß es ein Goldenes Zeitalter gab; für das Gesicht ist dieses Zeitalter nicht der Sonnenstrahl des Zyklopen, sondern das Exkrement.

Max Weber entdeckte einen Zusammenhang zwischen der protestantischen Ethik und der Entwicklung des Kapitalismus. Einige Nachfolger Freuds, besonders Erich Fromm, betonen wiederum den Zusammenhang zwischen letzterem und der Analerotik. Norman O. Brown hat eine glänzende Synthese dieser beiden Entdeckungen vollzogen, und, was noch bedeutsamer ist, aufgezeigt, daß die »exkrementelle Sicht« die symbolische und deshalb niemals explizite Essenz der modernen Zivilisation ist. Die widersprüchliche und komplementäre Analogie von Sonne und Exkrement ist derart offensichtlich, daß sie beinahe keines Beweises bedarf. Ein Zeichenpaar, dessen Elemente abwechselnd miteinander verschmelzen und sich voneinander lösen, beherrscht von der nämlichen Syntax, der auch andere Zeichen gehorchen: Wasser und Feuer, offen und geschlossen, spitz und rund, trocken und feucht, Licht und Schatten. Die Äquivalenz-, Oppositions- und Transformationsregeln der strukturalen Anthropologie lassen sich, sowohl auf individueller als auch auf gesellschaftlicher Ebene, voll und ganz auf diese beiden Zeichen anwenden.

Die Analerotik ist eine infantile, prägenitale Phase der individuellen Sexualität, die im Bereich der gesellschaftlichen Mythen dem Goldenen Zeitalter entspricht. Es ist wohl kaum nötig, auf die kindlichen Spiele und Phantasien einzugehen, die um das Exkrement kreisen: »Das Leben beginnt in Tränen und Kacke . . .« (Quevedo). Was die mythischen Bilder betrifft: wenn die Sonne Leben und Tod ist, dann ist das Exkrement Tod und Leben. Erstere gibt uns Licht und Wärme, doch zuviel Sonne tötet uns; sie ist daher Leben, das Tod bringt. Letzteres ist Abfall, der auch natürlicher Dünger ist: Tod, der Leben spendet. Andererseits ist das Exkrement ein Doppel des Phallus, so wie der Phallus ein Doppel der Sonne ist. Das Exkrement ist der *andere* Phallus, die *andere* Sonne. Zugleich ist es verfaulte Sonne, so wie Gold gefrorenes Licht ist, Sonne, in klingenden Barren materialisiert. Gold anhäufen heißt Leben (Sonne) horten und das Exkrement zurückhalten. Das angehäufte Gold ausgeben heißt Leben verbreiten, Tod in Leben verwandeln. Im Lauf der Geschichte wurden alle diese Bilder um so abstrakter, je stärker die Sublimierung der Triebe wurde. Immer sublimer: repressiver. Das Gesicht entfernte sich vom Gesäß.

Die Ambivalenz des Exkrements und seine Gleichsetzung mit der Sonne und mit dem Gold verlieh ihm, sowohl bei den Primitiven als auch in der Antike und im Mittelalter, so etwas wie eine bald wohltuende, bald unheilvolle symbolische Körperlichkeit. Norman O. Brown interessieren vor allem dessen jüngste Metamorphosen.[3] Wir brauchen ihn nicht bei seiner ganzen faszinierenden Erkundung zu begleiten; begnügen wir uns mit der Aussage, daß die Metamorphosen des Goldes und des Exkre-

3 Norman O. Brown, *Life against Death*. Dt.: *Zukunft im Zeichen des Eros*, Pfullingen 1962. 1966 veröffentlichte Brown ein weiteres Werk, *Love's Body* (dt.: *Love's Body*, München 1977), eine Fortsetzung und Ergänzung des ersteren.

ments, ihre Verbindungen und Trennungen, die verborgene Geschichte der modernen Gesellschaft ausmachen. Die Verdammung des Exkrements durch die Reformation, die in ihm die Inkarnation oder Manifestation des Teufels sah, war Vorläufer und unmittelbare Ursache der kapitalistischen Sublimierung: das Gold (das Exkrement), verwandelt in Banknoten und Aktien. Allerdings erwähnt Brown nicht, daß dieser Umwandlung, die sich auf der Ebene der Symbole und Glaubensanschauungen vollzieht, der Übergang – auf der Ebene der Ökonomie und des praktischen Lebens – von der geschlossenen Wirtschaft der *Dinge* zur offenen Wirtschaft des kapitalistischen Marktes, zur Wirtschaft der *Zeichen* entspricht. Luther erfuhr die Offenbarung auf der Latrine, in dem Augenblick, als er seinen Magen entleerte. Die Latrinen sind der infernalische Ort per definitionem; der Ort der *Fäulnis* ist der Ort der *Verderbnis:* diese Welt. Die Verdammung dieser Welt ist die Verdammung der Fäulnis und der Leidenschaft, diese zu horten und anzubeten: das Goldene Kalb ist exkrementös. Nur daß diese Verdammung ebenfalls die *Verschwendung* trifft. Der Zusammenhang zwischen Kotverhaltung und rationeller, kostensparender Ökonomie ist offensichtlich. Zwischen Hortung und Verschwendung blieb keine andere Möglichkeit als die Sublimierung. Der zweite Schritt bestand in der Umwandlung dieser Verhaltung in Produkt: Verborgenheit und Keimfreiheit der Latrine und, gleichzeitig, Metamorphose des Kellers, in dem Gold und Reichtümer gehortet werden, zum Banktresor.

Obwohl der Protestantismus jahrhundertelang über Mohammedaner und Hindus herrschte, konnte oder wollte er sie nicht konvertieren. Hingegen gelang ihm die *Konversion* des Goldes. Es verschwand als Ding, verlor seine Materialität und verwandelte sich in Zeichen; und durch eine seltsame Folge der calvinistischen Moral in nichts Geringeres als in das Zeichen der Erwählten. Der Geizige macht sich einer infernalischen Leidenschaft schuldig, denn er spielt mit dem Gold, das er in seinem Keller anhäuft, wie das Kind mit seinem Exkrement. Die rationelle Ökonomie des Kapitalismus ist sauber, nützlich und moralisch: sie ist das Opfer durch Unterlassung – das Gegenteil des Opfers durch Aufwand und Hekatomben –, das die Guten dem göttlichen Willen darbringen. Die Belohnung der Gottheit äußert sich nicht in materiellen Gütern, sondern in Zeichen: abstraktes Geld. Im gleichen Augenblick, da das Gold von den Kleidungsstücken der Männer und Frauen sowie von den Altären und Palästen verschwindet, verwandelt es sich in das unsichtbare Blut der Warengesellschaft und zirkuliert, geruch- und farblos, durch alle Länder. Es ist das Heil der christlichen Nationen. Es wird nicht gehortet, wie im Mittelalter, und auch nicht ausgegeben und verschwendet: es ist im Umlauf, verbreitet sich, wird an- und abgerechnet, und auf diese Weise *vermehrt es sich*. Es besitzt einen doppelten Vorzug: es ist Ware und das Zeichen aller Waren. Die Moralisierung des Goldes und seine Verwandlung in Zeichen geht einher mit der Verbannung der schmutzigen Wörter aus der Sprache und mit der Erfindung und Popularisierung des englischen Aborts. Die Bank und das WC sind typische Ausdrucksformen des Kapitalismus.

Vor Freud und seinen Nachfolgern hatte schon Marx auf den magischen Charakter des Goldes in der Frühzeit hingewiesen. Und was seinen Zusammenhang mit dem Exkrement betrifft: die kapitalistische Gesellschaft, so heißt es bei ihm, ist die Herrschaft toter Materie über lebendige Menschen. Man sollte hinzufügen: die Herrschaft abstrakter toter Materie, denn nicht das materielle Gold erstickt uns, sondern das Gewebe seiner Zeichen. In den Ländern, die wir – mehr aus sprachlicher Bequemlichkeit, denn aus Verlangen nach intellektueller Genauigkeit – sozialistisch nennen, ist der individuelle Gewinn und infolgedessen das Zeichen des Goldes verschwunden. Gleichwohl ist die Macht dort nicht weniger abstrakt, im Gegenteil, sie ist abstrakter und erstickender als in den kapitalistischen Gesellschaften. Die Aggressivität des Exkrements hat wahrscheinlich ihren Ursprung in seiner infantilen Identifikation mit dem Phallus. Man sollte daher den verborgenen Zusammenhang zwischen der analen Aggressivität und der abstrakten Gewalt der östlichen Bürokratien untersuchen. Natürlich müßte auch bestimmt werden, welchen anderen infantilen oder prägenitalen erogenen Zonen diese seltsame Sublimierung des Mythos vom Goldenen Zeitalter entspricht. Eine Sublimierung, die in Wirklichkeit seine Negation ist. Die Verwandlung der ursprünglichen Sonne – Gold, das allen war, alles, was aus Gold war – in das allwissende Auge des bürokratischen Polizeistaates ist ebenso beeindruckend wie die Umwandlung des Exkrements in Banknoten. Soviel ich weiß, hat sich jedoch niemand mit diesem Thema befaßt. Ebenso bedauerlich ist es, daß niemand von uns unter diesem Blickwinkel einen Kunststil untersucht hat, der zu Beginn unserer Epoche entsteht und die Antithese sowohl des modernen »Sozialismus« als auch des modernen Kapitalismus ist. Ein Stil, den man als »exkrementelles Barock« bezeichnen könnte.

Scheiterhaufen, Mausoleen, Sanktuarien[1]

Die Gegenreformation, der »jesuitische Stil« und die spanische Dichtung des 17. Jahrhunderts sind die Kehrseite der protestantischen Strenge und ihrer Verdammung und Sublimierung des Exkrements. Spanien holt sich das Gold aus den Indien, zuerst von den Altären des *Dämons* (das heißt aus den präkolumbianischen Tempeln) und später aus den *Eingeweiden* der Erde. In beiden Fällen handelt es sich um ein Produkt der niederen Welt, dem Bereich der Barbaren, der Zyklopen und des Körpers. Amerika ist so etwas wie eine legendäre Latrine, nur daß in diesem Fall der Vorgang nicht darin besteht, das Gold zurückzuhalten, sondern es zu verbreiten. Die Tonalität ist keine moralische, sondern ein mythische. Das Sonnenmetall breitet sich in wahnwitzigen Kriegen und phantastischen Unternehmen über Europa aus. Eine kolossale, exkrementelle Verschwendung von Gold, Blut und Leidenschaft: eine einzige methodische Orgie, die an die rituellen Zerstörungen der Indios erinnert, wenn sie auch viel kostspieliger ist. Aber das Gold der Indien dient auch dazu, als solare Opfergabe das Innere der Kirchen zu verkleiden. In den dunklen Schiffen glänzen die Altäre mit ihrer goldenen Vegetation von Heiligen, Märtyrern, Jungfrauen und Engeln. Sie glänzen – in Agonie. Gold, das eher der Nacht als dem Tag zugehört und deshalb mit dem Vorrücken der Schatten lebendiger und schamloser wird. Wärme des Lichts und zitternde Reflexe, die an den alten, unheilvollen Glanz der untergehenden Sonne und des Exkrements erinnern. Leben, das Tod bringt, oder Tod, der Leben zeugt? Wenn das Gold und sein physiologisches Pendant

1 Dieses Kapitel erschien bereits in Octavio Paz: *Zwiesprache*, Frankfurt 1984 (edition suhrkamp 1290), pp. 113-123

Zeichen der tiefsten, unbewußten Neigungen einer Gesellschaft sind, bedeuten sie im spanischen und hispanoamerikanischen Barock das Gegenteil des materiellen Gewinns: sie sind der Gewinn, der geopfert und verbrannt wird, die gewaltsame Verzehrung der angehäuften Güter. Riten der Zerstörung und der Verschwendung. Opfer und Defäkation.

Die Dualität Sonne-Exkrement polarisiert sich in den beiden großen Dichtern jener Zeit: Góngora und Quevedo. Sie bilden den großartigen Abschluß der Glanzzeit der spanischen Dichtung: mit ihnen – und in ihnen – geht eine große Epoche der europäischen Literatur zu Ende. Ich sehe ihre Gedichte gleichsam als Totenfeier, lichtvolle Exequien der Sonne und des Exkrements. Obgleich Góngora der Dichter der Sonne ist, scheut er sich nicht im geringsten, das Wort *Kacke* zu gebrauchen, wenn es sein muß; der kühnste Dichter, den das Abendland hervorgebracht hat, besaß nicht das, was man »guten Geschmack« nennt. Quevedo wiederum, Dichter des Exkrements, entbehrt nicht der Helle. Wenn er von einem goldgefaßten Frauenbildnis spricht, sagt er:

> En breve cárcel traigo aprisionado
> con toda su familia de oro ardiente,
> el cerco de la luz resplandeciente . . .

> Im flüchtigen Kerker halte ich gefangen
> mit reicher Aura, rings von Gold umglüht,
> den Strahlenkranz, der lichten Glanz versprüht . . .*

Und kurz darauf: »Ich halte alle Indien in meiner Hand.« Das Gold der Neuen Welt mit dem unterirdischen Glanz

* Deutsch von Lothar Klünner

einer zyklopischen Latrine, aber auch mit dem geistigen Glanz der neuplatonischen Erotik: die Geliebte ist Licht, Idee. In diesem gebannten Blitz leuchten das petrarkische Erbe und das Gold der präkolumbianischen Götzen, das mittelalterliche Inferno und die Herrlichkeiten Flanderns und Italiens, der christliche Himmel und das mythologische Firmament mit seinen Gestirnen, Blumen, die abgeweidet werden von »den großen wilden Tieren mit leuchtendem Fell«. Daher sagt er auch in einem anderen Sonett, ohne sich zu widersprechen: »Die Stimme des Auges, die Furz wir nennen, Nachtigall der Schandknaben . . .« Der Anus als ein Auge, das auch ein Mund ist. All diese Bilder sind erfüllt von der Gier, der Raserei und der Herrlichkeit des Todes. Ihre Komplexität, ihre Vollkommenheit, selbst ihre Obszönität gehören der rituellen, prachtvollen Gattung des Brandopfers an.

Für Swift ist das Exkrement Gegenstand moralischer Meditation; für Quevedo ein Kunst-Stoff wie die Rubine, die Perlen und die griechischen und römischen Mythen der Rhetorik seiner Zeit. Quevedos Pessimismus ist absolut: alles ist nur dazu da, verbrannt zu werden. Und eben dieses Feuer ist Form, ist Stil; die Flammen bilden eine verbale Architektur, ihre Funken sind geistiger Art: Einfälle, Geistesblitze. Das Beispiel Quevedo ist das bekannteste, aber es ist nicht das einzige. Die ganze Epoche des spanischen Barock, sowohl die Dichtung als auch die bildende Kunst, ist gekennzeichnet durch den Gegensatz zwischen Gold und Schatten, Flamme und Dunkel, Blut und Nacht. Diese Elemente symbolisieren weniger den Kampf zwischen Leben und Tod als ein erbittertes Ringen zwischen zwei rivalisierenden Prinzipien oder Kräften: diesem Leben und dem anderen, der Welt des Diesseits und der Welt des Jenseits, dem Körper und der Seele. Der

Körper führt die Seele in Versuchung, er will sie durch Leidenschaft verbrennen, damit sie sich in das schwarze Loch stürzt. Andererseits kasteit die Seele den Körper; sie kasteit ihn durch Feuer, damit er zu Asche werde. Das Martyrium des Fleisches ist gewissermaßen das Gegenstück zu den Autodafés und den Ketzerverbrennungen. Gegenstück auch zu den Leiden der Seele, die an das brennende Kreuz der Sinne geschlagen ist. In beiden Fällen ist das Feuer läuternd.

In dieser Dialektik von Licht und Schatten, Flamme und Kohle, stellt das Feuer das gleiche Prinzip dar wie der Blitzstrahl *(vajra)* im tantrischen Buddhismus; der Umwandlung der sexuellen Leidenschaft – durch Meditation – in eherne Entsagung entspricht im Spanien der Gegenreformation die Verwandlung des Fleisches – durch das Feuer – in geistiges Licht. Eine weitere Analogie: so wie der Blitzstrahl (der Phallus) sich in Diamant verwandeln muß, muß der Baum (der menschliche Körper) zum Kreuz werden. In beiden Fällen wird das natürliche Element (Blitzstrahl, Baum) auf seine Essenz reduziert, um sich in Zeichen zu verwandeln (Kreuz und stilisierter *vajra*), Martyrien und Transfigurationen der Natur . . . Doch ist die Macht der Leidenschaft oder die Genußfähigkeit des Körpers so groß, daß die Verbrennung sich in Lust verwandelt. Das Martyrium erstickt die Lust nicht, sondern schürt sie. Die sich windenden, von innerer und äußerer Glut verzehrten Glieder sind Ausdruck von Gefühlen, in denen Wonnen und Qualen unauflöslich verbunden sind. Nicht einmal der religiöse Geist war unempfänglich für die Faszination der Verbrennung. Das »ich sterbe, weil ich nicht sterbe« und die »Todeslust« unserer Mystiker sind Kehrseite, Ergänzung und Transfiguration der gestammelten »töte mich« und »ich sterbe vor Lust« in der Ekstase der Liebenden. Seelen und Körper, von Leidenschaft verglüht. In unserer Barockkunst siegt der Geist über den Körper, doch der Körper vermag sich noch im Akt des Todes zu verherrlichen. Sein Untergang ist sein Monument.

Selbst in dieser Huldigung an den Tod, wie sie in den Barockgedichten zum Ausdruck kommt, flüchtet sich das Lustprinzip stets in die Form. Wir sind verurteilt zu sterben, und deshalb dient auch die Sublimierung, die uns die Tyrannei des Über-Ich leichter ertragen läßt, letztlich dem Zerstörungstrieb. Da wir auch verurteilt sind zu leben, errichtet das Lustprinzip dem Tod unsterbliche (oder vermeintlich unsterbliche) Denkmäler ... Während ich dies schreibe, sehe ich von meinem Fenster aus die Mausoleen der Sultane der Lodi-Dynastie. Gebäude von der Farbe kaum getrockneten Blutes, Kuppeln, geschwärzt von der Sonne, den Jahren und den Monsunregen – andere sind aus Marmor und weißer als Jasmin –, Bäume mit phantastischem Blattwerk, die wie Syllogismen auf geometrischen Rasenflächen stehen, und, im Schweigen der Teiche und des smaltblauen Himmels, das Krächzen der Raben und das lautlose Kreisen der Milane. Der kometenhafte Schwarm der Papageien, grüne Blitze, die in der reglosen Luft aufleuchten und wieder verschwinden, kreuzt sich mit den graubraunen Flügeln der zeremoniösen Fledermäuse. Die einen kehren heim, gehen schlafen, die anderen sind gerade erst erwacht, ihr Flug ist noch schwerfällig. Es ist schon fast Nacht, und immer noch herrscht ein diffuses Licht. Diese Gräber sind nicht aus Stein und nicht aus Gold: sie sind aus pflanzlicher, aus lunarer Materie. Jetzt sind nur noch die Kuppeln sichtbar, große reglose Magnolien. Der Himmel stürzt sich in den Teich. Es gibt weder unten noch oben: die Welt hat sich in diesem heiteren Geviert versammelt. Ein Raum, in den alles hineinpaßt und der nur Luft und einige sich verflüchtigende Bilder enthält. Der Gott des Islam ist nicht gerade mein Idol, doch mir scheint, als sei in diesen Gräbern der Widerspruch zwischen Leben und Tod aufgehoben. Nicht so bei Swift, nicht bei Quevedo.

Wenn wir in der Geschichte der spanischen Dichtung ein Beispiel für die Verschmelzung von Gesicht und Geschlecht finden wollen, wenden wir am besten unseren Blick von Góngora und Quevedo auf einen anderen Dichter: Juan Ruiz, Erzpriester von Hita. Man wird sagen, daß ich andere Dichter wie Garcilaso und Lope de Vega, Fernando de Rojas und den großen Francisco Delicado vergesse. Ich vergesse sie nicht. Doch sollten wir nach den prächtigen und schrecklichen Zeremonien des Goldes, des Exkrements und des Todes lieber die belebende, euphorische Luft des 14. Jahrhunderts atmen. Deshalb fällt meine Wahl auf diesen universellen Geist in seiner kleinen Stadt. Vielleicht ist er gerade auf einem seiner erotischen Jagdausflüge in den nahen Bergen, in denen nicht Nymphen und Zentauren wohnen, sondern dralle, sinnliche Bergbäuerinnen. Vielleicht ist er aber auch zurückgekehrt und wandelt mit Trotaconventos im Kreuzgang der Kirche. Der Geistliche und die Kupplerin spinnen Liebesgarn oder entwirren das, was Zofen und Nonnen ihnen geknüpft haben:

No me las enseñes más
que me matarás.
Estábase la monja
en el monesterio,
sus teticas blancas

de so el velo negro.
Más, que me matarás.[4]

Zeig sie bloß nicht länger mir,
tötest sonst mich schier.
Nonne blieb seit eh und je
hinter Klostermauern sitzen
mit den Brüstchen weiß wie Schnee
unter schwarzen Schleierspitzen.
Tötest sonst mich schier.*

Im *libro de buen amor*, diesem Buch des »loco amor«, der sündhaften Liebe, ist die Eschatologie nicht düster und das Geschlecht weder blutig noch golden. Es gibt keine übertriebene Sublimierung und auch keinen verbissenen Realismus, was nicht hindert, daß die Leidenschaften heftig sind. Weder Platonismus noch Adelshierarchien: die vornehme Frau ist keine uneinnehmbare Festung, doch »sie kann nicht mit schönem Geld erobert werden«. Ein großes Lob. Tatsächlich gefielen dem Arcipreste die Frauen ungemein; er wußte, daß sie das Haus des Todes sind, aber auch der Tisch, an dem das Fest des Lebens gefeiert wird. Und dieses Wissen rief weder Entsetzen noch Wut in ihm hervor. Bisweilen, wenn ich die *Nueva picardía mexicana* lese, überlaufen mich kalte Schauer, weht mich die kühle Gebirgsluft an, gleichsam ein Nachklang von Juan Ruiz und seiner Welt; dann versöhne ich mich mit dem mexikanischen Volk und allen Menschen spanischer Sprache. Nein, wir stammen nicht allein von Quevedo ab und, was

4 Diego Sánchez de Badajoz. *(Recopilación en metro,* 1554*). Lírica hispánica de tipo popular,* Auswahl, Vorwort und Anmerkungen von Margit Frenk Alatorre, Mexico 1966
* Deutsch von Lothar Klünner

uns Mexikaner betrifft, auch nicht nur von dem asketischen Quetzalcóatl und dem grimmigen Huitzilopóchtli. Wir kommen auch her vom Erzpriester Ruiz mit seinen Zofen und Jungfrauen, seinen Jüdinnen und Maurinnen – von ihnen und von den nackten Mädchen des Neolithikums, diesen Maiskolben, die in Tlatilco ausgegraben wurden und, unversehrt, uns noch heute anlächeln.

Quevedo im Garten eines muselmanischen Mausoleums aus dem 15. Jahrhundert zu lesen mag ungereimt erscheinen; das gilt nicht für den *Libro de buen amor*: sein Verfasser lebte mit Mohammedanern zusammen, und viele von ihnen waren umherziehende Sänger, Tänzer und Musikanten. Es sind die gleichen, die noch heute nach Rajastán oder Uttar Pradesh ziehen und bisweilen, wenn sie durch Delhi kommen, sich im Kreis auf den Rasen vor die Mausoleen setzen, um zu essen, zu singen oder zu schlafen. Freilich bestehen trotz der historischen Nachbarschaft Spaniens und des Islam die offensichtlichen, großen Unterschiede zwischen dem Mausoleum und dem Buch des spanischen Dichters fort. Ich möchte hier nur auf einen aufmerksam machen: das Mausoleum versöhnt das Leben mit dem Tod, und damit wird letzterer zum Gewinner; das Buch verbindet den Tod mit dem Leben, und hier gewinnt das Leben. In beiden Fällen gibt es zwischen den zwei Prinzipien einen Dialog. Gewiß kann man ein Buch nicht ohne weiteres mit einem Monument vergleichen. Was aber ist das westliche Gegenstück zu diesen Grabmälern? Ich wüßte darauf nicht zu antworten. Auf keinem christlichen Friedhof habe ich diese Leichtigkeit und Heiterkeit gespürt. Sind es die griechischen und römischen Grabstätten? Vielleicht. Nur erscheinen sie mir nicht so luftig und einladend wie diese Mausoleen. Dort ist die Geschichte Last; hier verflüchtigt sie sich, ist Erzählung,

Legende. Die Antwort ist außerhalb Europas und des Monotheismus zu suchen – sie findet sich in Indien selbst: es sind die Hindu-Tempel und die buddhistischen *caityas*. Gewiß, dies sind keine Gräber: die Inder verbrennen ihre Toten. Und dennoch: in vielen dieser Sanktuarien werden Gebeine von Heiligen und sogar Zähne und andere Reliquien Buddhas aufbewahrt. In den indischen Tempeln kämpft das Leben nicht mit dem Tod: es nimmt ihn in sich auf. Und das Leben selbst löst sich so auf, wie sich ein Tag im Jahr und ein Jahr im Jahrhundert auflöst.

In den indischen Heiligtümern präsentiert sich das Dasein – endlose Vermehrung und Wiederholung – in einer beharrlichen und monotonen Fülle, die an die Persistenz und Regellosigkeit der Vegetation erinnert; in den islamischen Mausoleen wird die Natur einer zugleich unerbittlichen und eleganten Geometrie unterworfen: Kreis, Viereck, Sechseck. Selbst das Wasser verwandelt sich in Geometrie. In Kanäle und Teiche gesperrt, verteilt es sich auf geometrische Flächen: es ist Vision. Als Fontäne eines steinernen Brunnenbeckens oder als Gemurmel eines künstlichen Baches zwischen marmornen Ufern skandiert es die Zeit: es ist Klang. Ein Spiel von Entsprechungen zwischen Zeit und Raum, die einander Antwort geben; das Auge, bezaubert durch die harmonische Einteilung des Raums, betrachtet den im Wasser glänzenden Stein; das Ohr, verzückt durch den immer wiederkehrenden Reim, hört den Klang des über den Stein fließenden Wassers. Der Unterschied zwischen dem indischen Tempel und dem islamischen Mausoleum ist grundsätzlicher Art und hängt wahrscheinlich mit folgendem zusammen: im einen Fall haben wir es mit einem Monismus zu tun, der den Pluralismus der natürlichen Welt und einen überaus reichen und komplexen Polytheismus in sich schließt;

im anderen sehen wir uns einem unerbittlichen Monotheismus gegenüber, der jede natürliche Pluralität und auch den geringsten Hang zum Polytheismus, sei er noch so versteckt wie im Katholizismus, ausschließt. Verherrlichung des Körpers in der indischen Kultur; im Islam löst der Körper sich auf in die Geometrie des Steins und des Gartens.

Wenn man von den Tempeln Indiens spricht, muß man unterscheiden zwischen den eigentlichen Hindu-Heiligtümern und den buddhistischen Sanktuarien. Im Innern Indiens waren Hinduismus und Buddhismus die Protagonisten eines erstaunlichen Dialogs. Dieser Dialog war die indische Kultur. Die Tatsache, daß er aufgehört hat, ist mit eine Erklärung für den Niedergang, den diese Kultur seit acht Jahrhunderten erlebt, für ihr Unvermögen, sich zu erneuern oder zu verändern. Der Dialog degenerierte zum Monolog des Hinduismus. Ein Monolog, der schon bald die Form der Wiederholung und des Manierismus annahm, bis er schließlich ganz erstarrte. Der Islam, der in dem Augenblick in Erscheinung tritt, da der Buddhismus in Indien auf dem Rückzug ist, konnte die Stelle des letzteren nicht einnehmen: der Gegensatz zwischen Hinduismus und Buddhismus ist ein Widerspruch im Innern ein und desselben Systems, während der Gegensatz zwischen Islam und Hinduismus die Konfrontation zweier unterschiedlicher, unvereinbarer Systeme ist. Ähnliches geschah später mit dem Christentum und geschieht heute mit den Ideologien, die dieser Religion verpflichtet sind: Demokratie, Sozialismus . . . Der Westen kennt diese Erfahrung nicht: die nicht-christlichen Religionen, mit denen er sich konfrontiert sah, waren Varianten desselben Monotheismus: Judaismus und Islam.

Die Orientalisten und Philosophen, die den Buddhismus als einen Nihilismus beschrieben haben, der das Leben negiert, waren blind: sie haben die Skulpturen von Barhut, Santschi, Mathura und vieler anderer Orte nicht gesehen. Wenn der Buddhismus auch pessimistisch ist – und ich sehe nicht, wie ein kritisches Denken dies nicht sein könnte –, so ist dieser Pessimismus radikal und schließt die Negation der Negation mit ein: er negiert den Tod mit der gleichen Konsequenz, mit der er das Leben negiert. Diese dialektische Finesse erlaubte es ihm, in seinen besten Zeiten, den Körper zu akzeptieren und zu verherrlichen. In den großen Hindu-Tempeln von Khadschuraho dagegen – selbst in dem von Konarak, weniger rokokohaft und in seiner schönen Weitläufigkeit wirklich imposant – ist die Erotik am Ende nur noch monoton. Es fehlt etwas: die Heiterkeit oder der Tod, das Feuer echter Leidenschaft, das diese endlos wogenden Girlanden aus Leibern und in süßlicher Glückseligkeit lächelnden Gesichtern mit Leben erfüllen könnte. Serienfabrikation der Ekstase: ein gekünstelter Orgasmus. Diesen Körperspielen fehlt die Natürlichkeit: sie sind eher kompliziert als leidenschaftlich. Der Hinduismus ist exzessiv nicht so sehr wegen der ihm innewohnenden Kräfte, mögen diese auch beachtlich sein, als durch den Umstand, daß er alle seine Heterodoxien und Widersprüche verarbeitet hat; seine maßlose Affirmation entbehrt des Gegengewichts der Negativität, jenes kritischen Elements, das den schöpferischen Kern des Buddhismus ausmacht. Dank der buddhistischen Negation machte das alte Indien eine Wandlung durch: es formte sich um und schuf sich neu. Mit der Tilgung oder Assimilierung seiner Negation wächst Indien nicht mehr: es wuchert. Deshalb ist seine Erotik oberflächlich, epidermisch: ein Gewebe von Gefühlen und Widersprüchlichkeiten. Die ineinander verschlungenen Körper von Khajurāho gleichen jenen Kommentaren zum Kommentar eines Kommentars der *Brahmāsūtras:* die Subtilitäten der Argumentation erreichen nicht immer die Tiefe der Wahrheit, die einfach ist. Das Gewimmel von Brüsten, Phalli, Hüften, Schenkeln und ekstatisch lächelnden Gesichtern weckt am Ende Überdruß. Nicht in den buddhistischen Monumenten, nicht in Barhut und vor allem: nicht in Karli. Die großen Reliefs beidseits des Portals von Karli sind nackte, lächelnde Liebespaare: weder Götter noch Dämonen, sondern Wesen wie wir, wenngleich stärker und lebensvoller. Die Gesundheit, die diese Körper ausstrahlen, ist die der Natur: die etwas schwere Kompaktheit der Berge und die träge Anmut der großen Flüsse. Natürliche und zivilisierte Wesen: in ihrer starken Sinnlichkeit liegt eine unendliche Grazie, und ihre Leidenschaft ist friedlich. Sie stehen dort wie Bäume, nur daß sie Bäume sind, die lächeln. Keine Kultur hat Bildwerke hervorgebracht, die so voll sind von dem, was irdische Lust ist. Zum ersten und zum einzigen Mal konnte eine geschichtliche Hochkultur erfolgreich mit der neolithischen Kultur und ihren Fruchtbarkeitsfigurinen rivalisieren. Sie ist der andere Pol des Islam mit seinen geometrischen Spiegelungen auf dem Grund der Teiche.

Verbindungen

Kapitalismus und Protestantismus, Gegenreformation und spanische Dichtung, mohammedanische Mausoleen und indische Tempel: weshalb hat niemand eine allgemeine Geschichte der Beziehungen von Körper und Seele, Leben und Tod, Geschlecht und Gesicht geschrieben? Zweifellos aus dem nämlichen Grund, aus dem auch keine

Geschichte des Menschen geschrieben wurde. Hingegen haben wir Geschichten der Menschheit, das heißt der Zivilisationen und Kulturen. Das ist nicht verwunderlich: bis heute weiß niemand, was die »menschliche Natur« wirklich ist. Wir wissen es nicht, weil unsere »Natur« untrennbar ist von der Kultur; und Kultur heißt die Kulturen. Der nordamerikanische Anthropologe A. L. Kroeber hat daher vorgeschlagen, dieser Forschung zwei Richtungen zu geben: zuerst eine universale Bestandsaufnahme der typischen – materiellen, institutionellen und symbolischen – Merkmale der verschiedenen Kulturen und Zivilisationen vorzunehmen (nebenbei gesagt: eine beinah endlose Aufgabe), mit dem Ziel, »die Perimeter der menschlichen Kultur zu bestimmen«; und dann eine Bestandsaufnahme »jener Verhaltensformen der Hominiden, die menschlichen Kulturformen ähnlich sind oder diese vorwegnehmen«.[5] Ausgehend von diesem Katalog könnte man den Grundstein sowohl zu einer Theorie der Kultur als auch zu einer Theorie der menschlichen Natur legen. Es ist immer wieder erstaunlich, daß wir bislang weder die Vielzahl der Kulturen noch die Vielfalt der menschlichen Charaktere und Temperamente auf eine Einheit zurückzuführen vermochten. Am Ende dieser Aufgabe, die mich an Sisyphos denken läßt – aber mit Hilfe von Computern wohl verkürzt werden könnte –, werden wir vielleicht in der Lage sein, unsere Natur, wenn nicht zu definieren, so doch zu lokalisieren. Es ist offensichtlich, daß sie am Schnittpunkt von menschlicher Kultur und tierischer Subkultur zu finden ist. Wo aber befindet sich dieser Punkt?

Vorerst können wir nichts anderes tun als wiederholen,

5 A. L. Kroeber, *An Anthropologist looks at History,* University of California Press, 1966

. . . die Glieder der Metapher (*S. 11*)

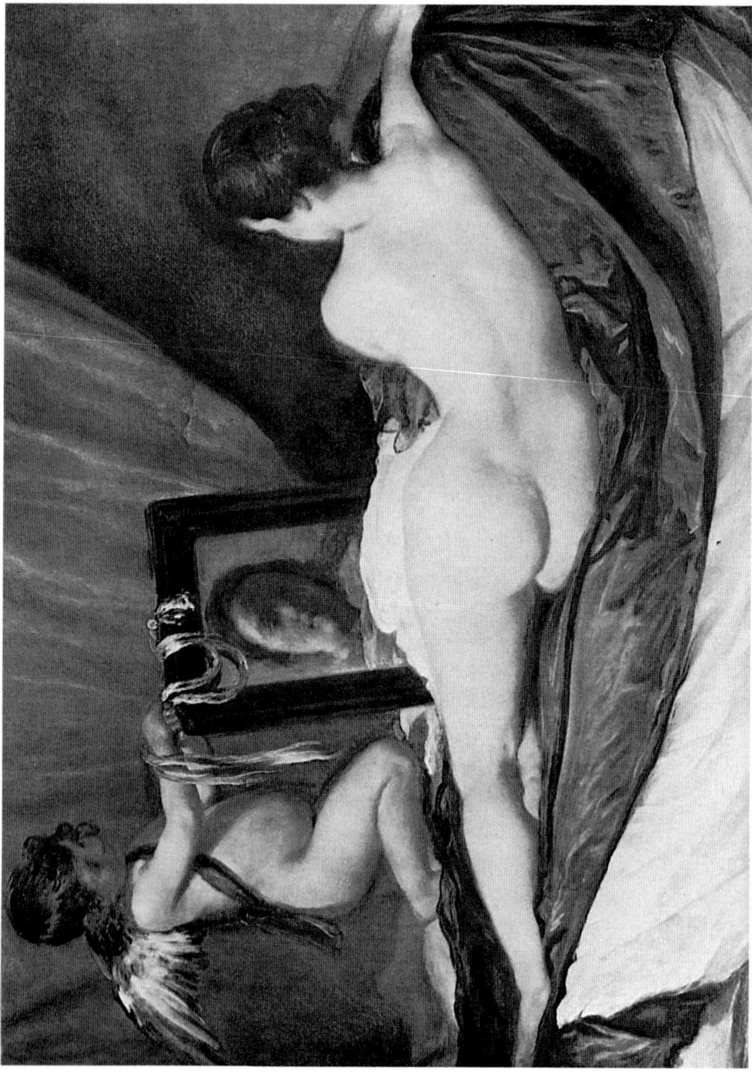

. . . eine Abwandlung der Metapher (S. 20)

Le Petit Journal

TOUS LES JOURS
Le Petit Journal
5 Centimes

SUPPLÉMENT ILLUSTRÉ
Huit pages : CINQ centimes

TOUS LES VENDREDIS
Le Supplément illustré
5 Centimes

Troisième Année — SAMEDI 31 DÉCEMBRE 1892 — Numéro 110

LE VEAU D'OR

... das goldene Kalb ist exkrementös (S. 33)

. . . sein Untergang ist sein Monument (S. 40)

. . . eine zugleich unerbittliche und elegante Geometrie (S. 44)

. . . in ihrer starken Sinnlichkeit liegt eine unendliche Grazie, und ihre Leidenschaft ist friedlich (S. 47)

. . . Bäume, die lächeln (S. 47)

. . . der Sadismus der aztekischen Religion und ihr sexueller Puritanismus (S. 56)

daß Seele und Körper, Gesicht und Geschlecht, Tod und Leben unterschiedliche Wirklichkeiten sind, die in jeder Zivilisation unterschiedliche Benennungen und damit unterschiedliche Bedeutungen haben. Damit nicht genug: die zentralen Begriffe können niemals vollkommen von einem Kulturkreis in den anderen übertragen werden: weder ist *mukti* wirklich Befreiung noch *nirvāṇa* Auslöschung. Das gleiche gilt für das *tê* der Chinesen, die *Demokratie* der Griechen, die *virtus* der Römer und das *yugên* der Japaner. Wenn wir glauben, mit einem Araber oder einem Eskimo von denselben Dingen zu sprechen, sprechen wir womöglich von verschiedenen Dingen; und denkbar wäre, daß auch das Gegenteil zuträfe. Das Paradoxe dieser Situation ist folgendes: wir können die verschiedenen Bedeutungen all dieser Begriffe nicht auf ein einziges und eindeutiges Muster zurückführen, aber wir wissen, daß sie bis zu einem gewissen Grad analog sind. Wir wissen ebenfalls, daß sie etwas darstellen, worauf das Sinnen und Trachten aller Menschen und aller Gesellschaften gerichtet ist. Sobald man sich näher mit dieser Schwierigkeit befaßt, wird deutlich, daß es nicht so sehr um eine Vielfalt von Wirklichkeiten geht als um eine Vielzahl von Bedeutungen. Man wird mir mit Recht entgegenhalten, daß wir, wenn wir schon nicht mit Sicherheit wissen, was die Wörter bedeuten, noch weniger wissen können, auf welche Wirklichkeiten sie sich beziehen. Das ist richtig, nur trifft diese Kritik unsere eigenen Begriffe nicht weniger als die fremden: auch für uns sind die Worte Leben, Seele oder Körper wechselnde Benennungen mit wechselnden Bedeutungen und bezeichnen wechselnde Wirklichkeiten. Wenn wir der Auffassung der modernen Sprachphilosophie zustimmen, müssen wir ihr bis ans Ende folgen: was sie uns rät, ist zu schweigen –

jedoch endgültig zu schweigen. Vielleicht ist dies das Vernünftigste, wenn auch nicht das Weiseste. Und so fahre ich fort, ohne den Logikern meine Achtung zu versagen . . .

Jedes der Worte, die uns hier beschäftigen, steht innerhalb seines Sprachfeldes in mehr oder minder definierten Beziehungen zu den anderen: Leben zu Tod, Geschlecht zu Geist, Körper zu Seele. Diese Beziehungen sind natürlich nicht nur bilateral; sie können auch triangulär und sogar zirkulär sein. In der Tat gibt es einen biopsychischen Kreislauf, der von Leben zu Geschlecht zu Geist zu Tod zu Leben verläuft. Gleichwohl ist die Grundbeziehung eine Paarbeziehung. Und diese Beziehung ist, unabhängig von der besonderen Bedeutung der Begriffe, aus denen sie besteht, universal: sie existiert überall und hat so gut wie sicher zu allen Zeiten existiert. Ein weiterer Umstand, der nicht weniger entscheidend ist: in allen Fällen haben wir es nicht mit Wirklichkeiten zu tun, sondern mit Benennungen. Es ist daher durchaus denkbar, daß wir einmal für den Bereich der Zivilisationen – ähnlich wie Lévi-Strauss und seine Schule es für den Bereich der primitiven Gesellschaften getan haben – eine universale Syntax werden entwerfen können. Eine derartige Syntax wäre auch dann möglich, wenn, wie es bis heute der Fall ist, der semantische Aspekt nicht restlos geklärt werden könnte. Es gilt zunächst herauszufinden, wie die Zeichen funktionieren, in welcher Beziehung sie zueinander stehen, und dann zu ergründen, was sie bedeuten. Das hieße das Problem unter einem anderen Blickwinkel angehen, einem Blickwinkel, der dem Kroebers entgegengesetzt ist. Die Verbindung beider Wege wäre Ausgangspunkt für eine wirkliche Geschichte des Menschen.

Die Beziehung zwischen den Begriffen kann von

Grund aus nur eine des Gegensatzes oder der Affinität sein. Ein übermäßiger Gegensatz hebt einen der Begriffe auf, aus denen die Beziehung besteht; eine übermäßige Affinität zerstört sie ebenfalls. Die Beziehung ist daher stets bedroht, sei es durch eine zu starke Verbindung oder durch eine ebenfalls zu starke Trennung. Die Vorherrschaft eines der Begriffe läßt überdies ein Ungleichgewicht entstehen: Repression oder Zügellosigkeit. Zudem: Die absolute Gleichheit beider erzeugt Neutralisierung und damit Unbeweglichkeit. Aus all dem folgt, daß die ideale Beziehung in erster Linie ein gewisses leichtes Ungleichgewicht der Kräfte erfordert und in zweiter Linie eine relative Autonomie jedes Begriffs gegenüber dem anderen verlangt. Dieses leichte Ungleichgewicht heißt, zum einen, Mittel der Sublimierung (Kultur), zum anderen, Möglichkeit, die Kultur durch Spontaneität (Schöpfung) zu befruchten; und diese begrenzte Autonomie heißt: Freiheit. Wesentlich dabei ist, daß die Beziehung nicht statisch ist: gerade der Wechsel zwischen Schwankung und Bewegungslosigkeit gibt der Kultur *Leben* und dem Leben *Form*. Eine weitere Regel – auch sie, wie die vorangehenden, abgeleitet von den Regeln der strukturalen Anthropologie –: die Begriffe sind nur in der Relation begreifbar, sie können nicht isoliert betrachtet werden. Das sagte schon Tschuang-tse: das Wort Leben hat nur Sinn gegenüber dem Wort Tod, Hitze nur gegenüber Kälte, das Trockene nur gegenüber dem Feuchten. Angesichts der Unmöglichkeit, die Begriffe, die diese Beziehung (Seele/Körper, Geist/Natur, puruṣa/prakṛti usw.) in jeder Zivilisation konstituieren, zu übertragen, wäre es im Grunde das beste, zwei logische oder algebraische Zeichen zu benutzen, die alle Begriffe umfaßten. Oder aber man benutzt die Wörter *Körper* und *Nicht-Körper*, wenn gesagt werden soll, daß sie keine andere Bedeutung haben als die, eine widersprüchliche Beziehung auszudrücken. *Nicht-Körper* steht weder für *ātman* noch *tê* noch Psyche: er ist lediglich das Gegenteil von *Körper*. Und *Körper* besitzt seinerseits keinerlei besondere Konnotation: er bezeichnet nur das Gegenteil von *Nicht-Körper*.

Würde man die Beobachtungen, die ich gerade skizziert habe, weiterführen, bis hin zu einer systematischen Formulierung, könnte man, wie mir scheint, vielleicht eine Forschungsmethode erarbeiten, die sich auf die Untersuchung der Gesellschaften ebenso anwenden ließe wie auf die der Individuen. Ich sage Individuen und nicht nur Gesellschaften, weil, wie wir bei Velázquez und Posada gesehen haben, sich auch in ihnen und ihren Werken die Zeichen *Körper* und *Nicht-Körper* bekämpfen oder vereinigen. Mein Vorhaben ist allerdings sehr bescheiden: was ich beabsichtige, ist weniger als eine Syntax oder eine Morphologie der Kulturen: es ist ein Thermometer. Ein sehr einfaches Instrument, um die Kälte- oder Fiebergrade eines Geistes und einer Zivilisation zu messen. Die Temperaturkurve einer Gesellschaft über einen mehr oder minder langen Zeitraum hinweg entspricht natürlich nicht ihrer Geschichte, aber die auf- und absteigenden Kurven sind ein wertvolles Indiz ihrer Lebendigkeit, ihrer Widerstandskraft und ihrer Fähigkeit, weitere Abwärts- und Aufwärtsbewegungen bewältigen zu können. Ein Vergleich der Temperaturkurven unterschiedlicher Zivilisationen kann uns lehren oder vielmehr bestätigen, was wir empirisch bereits alle wissen, nämlich daß es kalte Zivilisationen, warme Zivilisationen und andere gibt, in denen Fieberperioden plötzlich mit Frostperioden abwechseln. Und wie sterben die Zivilisationen? Die einen, die kalten, durch eine Hitzeexplosion; die warmen durch langsame Erkaltung, gefolgt von Austrocknung und Zerfall; andere, extrem verschlossene, gehen zugrunde, sobald sie sich den Unbilden der Witterung aussetzen, und noch andere schlafen Jahrtausende in der Behaglichkeit einer normalen Temperatur oder bringen sich im Fieberwahn selber um.

Die Beziehungen zwischen den Zeichen, die das Leben der Zivilisationen bestimmen, sind schon oft untersucht worden, wenn auch niemals explizit und systematisch. Es ist wohl kaum nötig, an Georges Dumézils Arbeiten über die Indoeuropäer und seine »idéologie tripartie« zu erinnern. Es ist dies eine ebenso gewagte wie fruchtbare Hypothese, die nicht nur den Untersuchungen der vergleichenden Mythologie, sondern auch dem Studium der verschiedenen Zivilisationen neue Wege eröffnet. Vielleicht wird eines Tages jemand wagen, die fernöstliche Zivilisation (China, Korea, Japan) und die des präkolumbianischen Amerika unter dem von Dumézil entdeckten Blickwinkel zu untersuchen. Eine solche Untersuchung könnte möglicherweise bestätigen, was viele von uns vermuten: die Neigung beider Zivilisationen, in vierteiligen Begriffen zu denken, ist mehr als eine bloße Koinzidenz. Vielleicht ist die Dualität, das Denken in Paaren, allen Menschen gemeinsam, und was den Unterschied zwischen den Zivilisationen ausmacht, ist die Art und Weise, in der das grundlegende Paar kombiniert wird: dreiteilige, vierteilige, zirkuläre usw. Strukturen. Ein weiteres Beispiel, in diesem Fall einer bestimmten geschichtlichen Periode entnommen: die klassische Untersuchung Huizingas über das Ende des Mittelalters. Der holländische Historiker beschreibt die erbitterten Beziehungen zwischen Lustprinzip und Todestrieb, die Repressionen des letzteren und die Rebellionen des ersteren, die Funktion von Aufwand und Opfer in den Turnieren und in der Erotik, den Geiz und die Verschwendungssucht der Fürsten und die Verkörperung all dieser widersprüchlichen Spannungen in den antithetischen Gestalten Ludwig XI. und Karls des Furchtsamen. Es ist ebenfalls möglich, die sukzessive, abwechselnde Vorherrschaft eines jeden dieser Prinzipien (Zeichen) im Lauf der Geschichte einer Zivilisation zu untersuchen. Dafür gibt es bereits verschiedene glänzende Beispiele. Eines der bevorzugten Forschungsfelder ist dabei der Gegensatz, der im Abendland zwischen dem überhöhten geistigen Gepräge des 12. und 13. Jahrhunderts und der sinnlichen Färbung der Renaissance besteht. In diesem Bereich verdanken wir E. R. Dodds eine meisterhafte Beschreibung des Ursprungs und der fortschreitenden, erstickenden Herrschaft des Begriffs der *Seele* über die alten griechischen Glaubensvorstellungen, bis die Rebellion des *Körpers* das Gebäude der gesellschaftlichen Ethik zum Einsturz brachte.[6] Dodds hat ein weiteres Werk veröffentlicht, das als Ergänzung des ersten betrachtet werden kann.[7] Es umfaßt den Zeitraum von Marc Aurel bis Konstantin. In seinem ersten Buch beschreibt er die Rebellion des Irrationalen *(Körper)* gegen die Strenge der klassischen Philosophie und ihre rationalen Konstrukte; im zweiten Buch untersucht er den irrationalen und angstvollen Hintergrund der antiken Zivilisation in der Phase ihres Niedergangs und die Umwandlung dieser Impulse in eine neue religiöse Rationalität *(Nicht-Körper)*. Natürlich sind Dodds' Bücher mehr als das; was ich jedoch hervorheben möchte, ist die entscheidende Rolle der Zeichen, die ich *Körper* und *Nicht-Körper* genannt habe.

Der Vergleich verschiedener Zivilisationen ist eine Do-

6 E. R. Dodds, *The Greeks and the Irrational*, London 1951

7 *Pagan and Christian in an Age of Anxiety*, London 1965

mäne, die von Toynbee beherrscht wird – oder bis vor kurzem beherrscht wurde. Zuvor war es die Domäne Spenglers, der heute in Mißkredit geraten ist, und das nicht immer zu Recht. Unter den jüngsten Untersuchungen auf diesem Gebiet befindet sich eine, die für uns Lateinamerikaner außerordentlich anregend ist: *Les quatre soleils* von Jacques Soustelle (Paris 1967). In diesem Buch bietet uns der französische Anthropologe eine Reihe von Reflexionen über das mögliche Schicksal der westlichen Zivilisation. Die Besonderheit der Untersuchung liegt darin, daß die Perspektive des Autors mit den kosmogonischen Vorstellungen der alten Mayas und Azteken zusammenfällt. Ich glaube, daß hier zum ersten Mal jemand die Weltgeschichte aus dem Blickwinkel der mesoamerikanischen Zivilisation betrachtet. Soustelle weist auf die erstaunliche Modernität des präkolumbianischen Denkens hin.[8]

Ich möchte meinerseits unterstreichen, daß diese beständig rotierende Kosmogonie, in der abwechselnd das schöpferische und das destruktive Prinzip vorherrschen, einen Pessimismus und eine Weisheit erkennen läßt, die nicht weniger tief sind als bei Freud. Auch dies ein Beispiel, vielleicht sogar das deutlichste, für die dynamische Beziehung zwischen den Zeichen *Körper* und *Nicht-Körper*. Eine weitere Analogie: innerhalb der mesoamerikanischen Philosophie der Bewegung entspricht der Begriff der kosmischen Katastrophe – das Ende jeder Sonne

8 Soustelle stellt mehrere scharfsinnige Überlegungen über ein Thema an, das für uns lebenswichtig ist oder sein sollte: die Lebensfähigkeit einer künftigen »indo-lateinischen« Zivilisation, die der okzidentalen mehr oder minder »angeschlossen« wäre. Soviel mir bekannt ist, ist dieses Buch von den mexikanischen Historikern und Anthropologen nicht kommentiert worden, ebensowenig von denen anderer lateinamerikanischer Länder. Das ist beklagenswert, aber auch aufschlußreich.

oder jedes Zeitalters durch einen Kataklysmus – unserem modernen Begriff des *Zufalls*, wie er sowohl in den Wissenschaften als auch in der Geschichte verwendet wird. (Weiter unten werde ich ausführlicher auf diesen Gedanken eingehen.) Zur Modernität ihrer Vorstellung von der Instabilität und Unsicherheit der Existenz – ein Kosmos, der sich fortwährend selbst zerstört und wiedererschafft – gesellt sich ein weiteres Merkmal, das uns die mesoamerikanische Zivilisation noch näher rückt: die übermäßige Zunahme der Aggressionstriebe in ihrer Endphase. Der Sadismus der aztekischen Religion und ihr sexueller Puritanismus, die Institution des »blumigen Krieges« und der strenge Charakter der politischen Vorstellungen Tenochs sind Ausdruck einer extremen Trennung der Zeichen *Körper* und *Nicht-Körper*. Diese Trennung entspricht bei uns der Vorstellung von der Technik als Machtwillen, der Zunahme militanter Ideologien, dem Puritanismus der osteuropäischen Länder und seinem Gegenstück: der kalten, nicht weniger fanatischen Promiskuität des Westens und schließlich dem kriegerischen Geist aller unserer Unternehmungen bis hin zu den friedlichsten. Selbst die Ästhetik ist bei uns militärisch: Avantgarde, Vorstöße, Durchbrüche, Eroberungen. Die Parallele zur Nahua-Kunst ist verblüffend: das symbolische System der aztekischen Dichtung – Metaphern, Vergleiche, Wortschatz – war eine Art sprachliches Doppel des »blumigen Krieges«, der wiederum ein Doppel des kosmischen Krieges war. Das nämliche analoge System beherrschte die sakrale Architektur, die Skulptur und die anderen Künste. Alle sind Darstellungen der universalen Bewegung: der Krieg der Götter, der Krieg der Sterne und der Krieg der Menschen.

Aus all diesen Beispielen wird erkennbar, daß es eine Art *Kombinatorik* der zentralen Zeichen jeder Zivilisation gibt und daß von der Beziehung zwischen diesen Zeichen bis zu einem gewissen Grad der Charakter einer jeden Gesellschaft und sogar ihre Zukunft abhängt. Im zweiten Teil dieser Überlegungen werde ich, konkreter und systematischer, die Formen – einige Formen – der Verbindung und Trennung der Zeichen beschreiben. So ausgeprägt Trennung oder Verbindung auch sein mögen, die Beziehung selbst verschwindet in keinem Fall. Die Verbindung der Zeichen, gleich ob gespannt oder entspannt, ist das, was uns Menschen von den anderen Lebewesen unterscheidet. Mit anderen Worten: sie ist das, was uns zu komplexen, problematischen und unvorhersehbaren Wesen macht. Da die Dialektik von Gegensatz und Verschmelzung in allen Menschen wirksam ist, werde ich mich der Methode des Vergleichs bedienen. Ich werde Beispiele aus dem Abendland, aus Indien und aus China heranziehen, denn ich glaube, daß die indische Zivilisation der Gegenpol der abendländischen Zivilisation ist, die *andere Version der indoeuropäischen Welt*. Die Beziehung zwischen Indien und dem Abendland ist eine des Gegensatzes innerhalb ein und desselben Systems. Die Beziehung beider mit dem Fernen Osten (China, Japan, Korea und Tibet) ist die Beziehung zwischen zwei verschiedenen Systemen. Daher sind die chinesischen Beispiele im Rahmen dieser Überlegungen weder konvergent noch divergent: sie sind ex-zentrisch. (Welches ist der Gegenpol zur Welt Chinas und Japans? Vielleicht das präkolumbianische Amerika.) Ich brauche wohl kaum zu betonen, daß ich nicht die Absicht habe, die Geschichte auf eine Kombination von Zeichen zu reduzieren, gleich den Hexagrammen des *I Ging*. Die Zeichen, seien es die des Himmels oder die der modernen Wissenschaft, sagen nichts über unser Schicksal: nichts steht geschrieben.

III. EVA UND PRAJÑAPĀRAMITĀ

Die Yakshi und die Jungfrau Maria

Welcher Name und welche besondere Bedeutung dem *Körper* und dem *Nicht-Körper* innerhalb einer jeden Kultur auch zukommen mag, die Beziehung zwischen diesen beiden Zeichen ist unbeständig, kann nur unbeständig sein. Die Begriffe Gesundheit und Normalität sind in diesem Bereich nicht anwendbar, da diese Beziehung selbst Ausdruck unserer konstitutionellen »Krankheit« ist: wir sind Lebewesen, die Kultur, Geist, Sublimierungen absondern. Hingegen gibt es, so oszillierend und prekär die Beziehung ist – ständig den Angriffen von Tod und Leben, von Gesicht und Geschlecht ausgesetzt –, sehr wohl seltene Momente eines dynamischen Gleichgewichts. Ich wiederhole: diese Augenblicke sind keine der Ruhe oder der Ausgeglichenheit, sondern eines widersprüchlichen und schöpferischen Dialogs. Ich habe bereits die buddhistische Kunst Indiens erwähnt, die von der in Barhut und Santschi bis zu jener in Mathura, Karli und Amaravati führt; ein ihr entsprechendes Beispiel im Abendland wäre die Kunst des Mittelalters von der Romanik bis zur Gotik. In der ersteren liegt die Betonung auf dem Körperlichen und bildet somit zum kritischen Intellektualismus und zur asketischen Strenge des Buddhismus einen komplementären Gegensatz; im Katholizismus des Mittelalters dagegen, der körperlicher und in seiner Kritik der Welt und der Existenz weniger radikal ist, betonen die Bilder der Jungfrau Maria und der Heiligen, durch das gleiche Gesetz des komplementären Gegensatzes, das spirituelle und unkörperliche Element. Die Götter männlicher und weiblicher Fruchtbarkeit (*yaksha* und *yakshi*) und die erotischen Paare *(maithuna)*, welche die Außenwände der *caityas* bedecken, umgeben das Heiligtum der Leere selbst: Buddha, einen körperlosen Menschen; dagegen umgeben die Bilder der Jungfrau Maria, der Heiligen und der Engel in den Kathedralen und Kirchen des Mittelalters einen menschgewordenen Gott: Christus. Höchster Grad der Körperlosigkeit ist die Darstellung Buddhas durch seine a-ikonischen Symbole: den Stupa, den Baum der Erleuchtung, den Thron, das Rad der Lehre; die Antwort auf diese Abstraktion ist die Vitalität und die Sinnlichkeit der Skulpturen der *yakshis*. Höchster Grad der Verkörperung ist die Darstellung der Geburt Christi und der Stationen seines Erdenlebens, insbesondere der seines Leidens und seines Opfers; die Antwort auf das Blut und den gemarterten Leib des Gottmenschen ist die Auffahrt in den Himmel und die Transfiguration der Körper.

Die große buddhistische Kunst fällt zusammen mit dem Erscheinen – etwa im ersten Jahrhundert n. Chr. – der ersten *Sutra Prajñapāramitā*, dem Ursprung der *Mādhyamika*-Richtung. Diese Lehre vertritt einen radikalen Relativismus, der sie als einzige Wirklichkeit die absolute Leere *(shūnyatā)* anerkennen läßt. Da alles relativ ist, hat alles an der absoluten Nicht-Wirklichkeit teil, ist alles leer; deshalb gibt es zwischen der Erscheinungswelt *(saṁsāra)* und der Leere, zwischen der Wirklichkeit dieser Welt und ihrer Unwirklichkeit, eine Verbindung. Einerseits sind Wirklichkeit und Unwirklichkeit relative, voneinander abhängige und gegensätzliche Begriffe; andererseits sind sie identisch. Ihrerseits ist die Kunst des Hochmittelalters zeitgleich mit der Scholastik, die die aristotelische Idee der Seinsgrade vertieft und nuanciert, wie das im gemäßigten Realismus Thomas von Aquins zum Ausdruck kommt. Beide Religionen postulieren also verschiedene Ebenen der ontologischen Wirklichkeit; erstere ist ausgerichtet auf die Leere, letztere auf die Fülle des Seins. Diese

Ebenen sind Grade oder Vermittlungen zwischen dem Lustprinzip und dem des Verlöschens. Es ergibt sich so eine ganze Reihe von Möglichkeiten, die widersprüchlichen Zeichen zu verbinden. Und dies ist der Grund, weshalb sowohl in den buddhistischen Heiligtümern als auch in den christlichen Kathedralen neben den Bildern Buddhas, beziehungsweise Christi und ihrer heiligen Symbole, groteske Ungeheuer und obszöne oder komische Darstellungen auftauchen. Zwischen der niederen und der höheren Welt gibt es eine Skala von Seinsweisen – oder Weisen der Leere. In beiden Fällen besteht das Gleichgewicht, wie ich bereits gesagt habe, in einem leichten Ungleichgewicht: Körperlichkeit und Sinnlichkeit im Buddhismus; und im Katholizismus des Mittelalters spirituelle Transfiguration der Körper. Die eine Religion, die dem Körper seine Wirklichkeit abspricht, verherrlicht ihn in der Üppigkeit seiner Form: der Erotik; die andere Religion, die die Leibwerdung zu ihrem zentralen Dogma gemacht hat, vergeistigt und verklärt das Fleisch.

Die gegenläufige Entwicklung dieser beiden Bewegungen – die der widersprüchlichen Beziehung zwischen den Zeichen *Körper* und *Nicht-Körper* innewohnende Dialektik – ist für beide Religionen exemplarisch. Der Buddhismus entsteht in einem nicht-priesterlichen, aristokratischen Milieu; Gautama gehörte dem Adelsgeschlecht der Shakya an und entstammte folglich der Kriegerkaste; seine Lehre fand bei der Aristokratie und insbesondere beim Kaufmannsstand sofort Aufnahme, so daß sie schon bald zu der Entsagungsreligion einer urbanen, kosmopolitischen und wohlhabenden Klasse wurde; in ihrer letzten indischen Ausprägung, dem Tantrismus, verwandelt sie sich in eine Religion umherziehender Mystiker, das heißt, sie existiert außerhalb der Gesellschaft und ist besonders bei den niederen Kasten verbreitet. Das Christentum entsteht in einem priesterlichen und proletarischen Milieu: Jesus ist der Sohn eines Tischlers und ein Nachkomme des Hauses David; die ersten Christen gehören einer Gesellschaft an, die an der Peripherie des Römischen Reiches lebt; dann wird das Christentum zur offiziellen Religion eines Imperiums und nimmt später selber eine imperiale Struktur an; in seiner Endform, dem Protestantismus, wird es zur asketischen Religion des Kapitalismus.

Man kann ohne Übertreibung behaupten, daß das Christentum dort endet, wo der Buddhismus beginnt. Letzterer war am Anfang seines Weges zur Weltreligion eine jener Sekten, die im 6. Jahrhundert v. Chr. die brahmanische Religion der Kritik unterzogen und sich der Tradition der *Upanishaden* besannen. Gautama, Mahāvīra und andere religiöse Erneuerer erinnern in dieser Hinsicht an die Theologen der ersten Phase der Reformation, an Luther, Zwingli und Calvin. Aber im Laufe seiner Geschichte rückt der Buddhismus von seinen ursprünglichen kritischen und moralischen Zielen zusehends ab und arbeitet seine metaphysischen und rituellen Züge heraus: die philosophischen Mahāyāna-Systeme, die Verehrung des Buddha-Bildes, das Auftauchen der Bodhisattvas als Nothelfer der Menschen, die Lehre vom universalen Mitleid der Buddhas, die fortschreitende Vervollkommnung und Komplexität des Rituals und der Zeremonien. Die Phasen: Kritik der traditionellen Religion, religiöse Philosophie, metaphysische Religion, ritualistische Religion. Eine gegenläufige Entwicklung ist beim Christentum zu beobachten: es entsteht als Heilslehre und Eschatologie, das heißt als wahre Religion und nicht nur als Kritik oder bloße Erneuerung des Judaismus; es stellt sich dem heidnischen Denken entgegen und begründet, ausgehend von den Kirchenvätern, eine Philosophie; im Mittelalter entwickelt es ein großes metaphysisches System; in der Reformationszeit geht es von der Metaphysik zur Kritik und vom Ritus zur Moral über. Analoge Bewegungen in entgegengesetzte Richtungen: im Buddhismus Übergang von der Kritik und Moral zur Metaphysik und Liturgie; im Christentum Übergang von der Metaphysik zur Moral und im rituellen Bereich allmähliches Verschwinden des Eucharistie-Gedankens, das heißt Primat des Wortes des Evangeliums (Moral) gegenüber der göttlichen Gegenwart (Sakrament). Verkörperung und Entkörperung.

Die Entwicklung der Kunststile verläuft auf den ersten Blick nicht im gleichen Verhältnis. Das liegt jedoch, wie mir scheint, an einer falschen Perspektive. Wenn man das Gesichtsfeld nur etwas begrenzt, zeigt sich die umgekehrte Symmetrie auch hier, wenngleich nicht so deutlich wie im Falle der geschichtlichen und religiösen Entwicklung. Die erste Schwierigkeit liegt darin, daß weder die christliche noch die buddhistische Kunst mit den räumlichen und zeitlichen Grenzen der abendländischen beziehungsweise indischen Kultur übereinstimmt. Deshalb muß der Vergleichsbereich genau bestimmt werden: zum einen die christliche Kunst des Abendlandes mit Ausnahme der Kunst des Urchristentums (ein griechisch-römischer Fortsatz), der byzantinischen, koptischen und syrischen Kunst; zum anderen die buddhistische Kunst Indiens, ebenfalls mit Ausnahme der griechisch-römisch-buddhistischen Kunst sowie derjenigen Chinas, Koreas und Japans, nicht ausgenommen jedoch die Kunst Ceylons, Javas, Kambodschas und Birmas, die, vom stilistischen Gesichtspunkt aus gesehen, Teil der indischen Kultur ist. (Nepal und Tibet kommt eine Zwischen- und

Sonderstellung zu.) Die zweite Schwierigkeit ist die unterschiedliche Entwicklung der beiden Kulturen. Man muß sie erneut voneinander abgrenzen: die Kultur des Abendlandes ist, um das Vokabular Toynbees zu gebrauchen, die leibliche Tochter der griechisch-römischen Kultur; der Fall Indiens ist schwieriger: Ist die vedische Welt für Indien, was die griechisch-römische Kultur für das Abendland ist, oder ist sie nur die erste Periode der indischen Kultur? Wie wir diese Frage auch beantworten mögen, es ist evident, daß im 6. Jahrhundert v. Chr. in Indien etwas Neues beginnt – sei es eine Phase, die sich von der vedischen Kultur unterscheidet, oder eine neue Kultur.[1] Kroeber unterscheidet zwei Phasen in der westlichen Kultur: die katholische des Mittelalters und die der Neuzeit. Auf die Blütezeit des Mittelalters folgte eine Periode des Verfalls und auf diese, durch eine revolutionäre Neuverbindung der Elemente unserer Kultur, eine neue Epoche: eben die, in der wir heute leben, und die, wie es scheint, zu Ende geht. Im Okzident ereignete sich das, was Kroeber »a reconstitution within civilizations« nennt. Mag es zwischen der Welt Newtons und derjenigen Einsteins auch Unterschiede geben, so ist es doch die gleiche Welt; hingegen ist die Welt Thomas von Aquins und Abaelards eine andere, sie unterscheidet sich von der unseren. Dagegen kannte Indien vom 6. bis zum 13. Jahrhundert nichts, was mit der Renaissance, der Refor-

1 Die Beziehung zwischen der Industal-Kultur und derjenigen Indiens ist zumindest zweifelhaft. Davon abgesehen, daß ein Jahrtausend oder mehr sie voneinander trennt, scheint die Industal-Kultur eher der mesopotamischen und insbesondere der sumerisch-babylonischen Welt verwandt. Indes weist der Hinduismus Züge auf, die vielleicht aus Mohendscho-Daro und Harappa stammen, wie etwa der Shiva-Kult und die Verehrung der Großen Göttin. Einige behaupten, daß die Yoga-Praktiken und das Kastenwesen den gleichen präarischen Ursprung haben.

mation, der Aufklärung und der industriellen Revolution vergleichbar wäre. Es gab keine »reconstitution«, sondern Wiederholung, Manierismus, Selbstnachahmung und schließlich Erstarrung. Nicht die Invasionen der Hunnen waren es, die der indischen Kultur ein Ende machten, auch wenn sie sie zerschlugen; ausschlaggebend war die Unfähigkeit, sich neu zu konstituieren oder sich selbst zu befruchten. Indiens langsame Versteinerung und schließlich sein Verfall im Mittelalter lassen sich vielleicht durch zwei Umstände erklären: zum einen dadurch, daß die »Reformation« (der Buddhismus) am Anfang dieser Kultur stattfand; zum anderen dadurch, daß der Sieg der hinduistischen »Gegenreformation« die bürgerlichen Klassen, die die Protektoren des Buddhismus waren, aus dem Zentrum des gesellschaftlichen Lebens vertrieb und an ihrer Statt, als das Reich der Gupta zusammenbrach, die lokalen Waffenführer und die Brahmanen einsetzte. Letzteres bedeutete das Ende der zentralen Monarchie und damit eines panindischen Staates: Konsolidierung des Feudalismus und des Kastenwesens. Die indische Kultur endete in der Zeit, die die Historiker ganz richtig das hinduistische Mittelalter nennen. Man kann daher sagen, daß die Geschichte Indiens im großen und ganzen ein Prozeß ist, der umgekehrt symmetrisch zu der des Abendlandes verläuft ... All dies führt zu dem Schluß: Soll der Vergleich Sinn haben, muß er zwischen der ersten Phase der abendländischen Kultur (mittelalterlicher Katholizismus) und der indischen Kultur seit dem 6. Jahrhundert v. Chr. gezogen werden. Die Verschiedenheit der Zeiten ist unwichtig: was in Indien in ungefähr zweitausend Jahren geschah, ereignete sich im Abendland in weniger als einem Jahrtausend.

Die erste umgekehrte Analogie ist die Beziehung der

christlichen Kunst des Abendlandes zur griechisch-römischen Kunst und die der buddhistischen Kunst Indiens zur sogenannten Kunst von Gandhara (die in Wirklichkeit gräko-buddhistisch ist). Im Abendland: ein direktes Abstammungsverhältnis; in Indien: eine Kunst fremder Kulturen, die von ebenfalls fremden Invasoren in den Nordwesten des Landes und in die Gangesebene mitgebracht wurde. Des weiteren: Das Abendland assimiliert das griechisch-römische Erbe, nimmt die byzantinischen und barbarischen Einflüsse auf und schafft eine eigene Kunst, die nicht auf andere Kulturen übergreift; Indien absorbiert den Fremdeinfluß nur, um sich ihm energisch zu widersetzen (Mathura), und exportiert diese fremde, nunmehr indisierte Kunst nach Zentralasien, China und Japan. Die zweite umgekehrte Analogie ergibt sich aus dem Vergleich zwischen der Entwicklung der christlichen und der buddhistischen Kunst in Relation zur Kunst anderer Religionen: die christliche Kunst verwendet in ihrer präabendländischen Periode die Formen der heidnischen Kunst; die buddhistische Kunst, insbesondere seit der Gupta-Dynastie, verschmilzt stilistisch mit der hinduistischen Kunst. Dritte Analogie: Die christliche Kunst entsteht vor der Kultur des Abendlandes, wird zur einzigen Kunst des Abendlandes und überschreitet die Grenzen dieses Kulturbereichs nicht; die Kunst Indiens ist zunächst vorwiegend die Kunst des Buddhismus, gibt später insbesondere dem Hinduismus Ausdruck und lebt, als diese Kultur erlischt oder zerfällt, in Kambodscha und Birma fort.[2]

Die vorgenannten Analogien sind recht grob und global. Die umgekehrte Symmetrie tritt klarer zutage, wenn

2 Die Entwicklung des Jainismus ist sonderbar: anfangs ist er der jüngere Rivale des Buddhismus und wird schließlich eine Variante des Hinduismus.

man die verschiedenen Stilperioden der christlichen Kunst des Abendlandes und der buddhistischen Kunst Indiens im einzelnen vergleicht. Im Abendland unterscheiden die Kunsthistoriker vier Epochen: die formative, die Romanik, die Gotik und die Schnörkelgotik. Die Periodisierung der indischen Kunst ist weniger präzis, und das Vokabular ist noch vager. Im allgemeinen spricht man von drei Phasen: der buddhistischen, der guptischen und postguptischen und der mittelalterlichen hinduistischen. Ihrerseits kann und muß man die buddhistische Periode, ebenso ihrer Dauer wie ihres Stilwandels wegen, in zwei Phasen teilen: die eine ist formativ, nicht unähnlich jener des Abendlandes, und findet ihren vollkommensten Ausdruck im steinernen Zaun der Stupen von Barhut; die andere ist die des Südens: Mathura, Santschi (die Tore des Großen Stupa), Amaravati, Nagarjunanikonda, Karli. Der frühen Periode geht eine Phase vorauf, in der der Urbuddhismus noch keinen Kunststil im eigentlichen Sinne besitzt; auf die Schnörkelgotik, diesen letzten Kunststil im Abendland, folgt ein stilistischer Wandel, der einen totalen Bruch mit der christlichen Welt des Mittelalters darstellt (die Renaissance), sowie eine religiöse Bewegung, die ebenfalls keinen eigenen Stil besitzt: die Reformation.

Die Reliefs von Barhut sind das erste große Werk der indischen Kunst. Mit diesen herrlichen Skulpturen entsteht der Stil einer ganzen Kultur. Ein Stil, den weder die geschichtlichen und religiösen Wandlungen noch die Fremdeinflüsse – wie die der Gandhara-Kunst – wesentlich verändern werden und der bis ins 13. und 14. Jahrhundert fortbesteht. Vor Barhut gibt es nichts, was den Namen Stil verdient: weder die Stupen, die aus der vedischen Periode stammen, noch die kosmopolitische Kunst der

Maurya-Dynastie. Der Ursprung der formativen Periode der abendländischen Kunst ist hinsichtlich des Stils ebenfalls unbestimmt: barbarische und byzantinische Einflüsse und die griechisch-römische Vergangenheit. Die karolingische Kunst ist der mißlungene Versuch der Wiederbelebung eines imperialen Stils; die Kunst der Mauryas ist ein weiterer, ebenfalls mißglückter Versuch, einen fremden imperialen Stil zu übernehmen.[3]

Die abendländische Kunst und die Indiens sind in ihren formativen Perioden sowohl eine Reaktion auf die ihnen voraufgegangenen falschen Universalismen (karolingische Kunst und gräko-iranischer Kosmopolitismus der Maurya-Dynastie) als auch eine Umgestaltung des ureigenen Erbes: im einen Falle der griechisch-römischen Vergangenheit und der Kunst der Barbaren, im anderen des vedischen oder vorvedischen Stupa. Es sind zwei Stile, die auf der Suche nach sich selbst sind und sich finden, sowohl in Cluny als auch in Barhut. Durch diese äußeren Ähnlichkeiten werden die Gegensätze der spirituellen Bedeutung und Ausrichtung noch klarer. In Barhut ist der Steinzaun um das a-ikonische Symbol des Körperlosen eine entschiedene Verherrlichung des sinnlichen und profanen Lebens. Die Trennung ist absolut, aber die Dar-

3 Ananda Coomaraswamy ist der Meinung, daß es einen solchen iranischen Einfluß nicht gibt und daß die Säulen und Kapitelle von Ashoka eher von einer allgemeinen Beziehung zur Kunst Westasiens, insbesondere Babylons und Assyriens, denn zu Persepolis zeugen. Wie mir scheint, deutet alles auf das Gegenteil hin: die engen Beziehungen der Mauryas zu den Seleukiden; die Präsenz persischer und griechischer Kunsthandwerker in Pataliputra, der Hauptstadt des indischen Reiches; vor allem die Glätte und die Vollkommenheit der Säulen und Tierfiguren, die die Kapitelle krönen, in der besten Tradition der hybriden, offiziellen und imperialen Kunst des Hofes des Großkönigs und seiner griechischen Nachfolger.

stellung von Szenen aus den früheren Leben Buddhas (jātakas) spannt eine Brücke zwischen den Attributen des Zeichens *Körper* und der Abwesenheit von Attributen des Zeichens *Nicht-Körper*. Die byzantinische Kunst hatte das Körperliche in einem Maße stilisiert, daß es zu einem atemporellen Symbol wurde; auch die Künste der Barbaren neigen zur Abstraktion und zur Ornamentierung; in beiden Richtungen dominiert das Zeichen über die menschliche Gestalt, die Linie über das Volumen: Antiskulptur. Die christliche Kunst des Mittelalters erfindet die Bildhauerkunst neu, die Skulptur ist vor allem und vornehmlich Darstellung der heiligen Gestalt: der Körper des fleischgewordenen Gottes. Das erste große Werk der romanischen Bildhauerkunst ist vielleicht das Tympanon des Portals von Saint-Pierre de Moissac. Es ist eine Darstellung des Jüngsten Gerichts: die Gestalt des Herrn – hieratisch, strahlend, riesig – umgeben von winzigen, lebensvollen Figuren. Der Kontrast ist bezeichnend: in Barhut ist das Nichts Gott und wird von allem verehrt; in Saint-Pierre ist das Sein Gott und regiert alles.

Die beiden folgenden Perioden sind: in Indien die Blütezeit der buddhistischen Kunst und im Abendland die der Romanik. Ich habe bereits die weltliche Sinnlichkeit der *yakshis* von Karli, Mathura und Santschi erwähnt; nun möchte ich auf die zuweilen dämonische, zuweilen göttliche Vitalität der romanischen Skulptur hinweisen. Im einen Falle: der Körper in seinem elementarsten Ausdruck, sinnlich und direkt; im anderen Falle: der von überweltlichen, nicht-körperlichen Kräften und Trieben durchdrungene Körper. Das Widerspiel: im Buddhismus Auflösung der Welten; im Christentum Auferstehung des Fleisches. In dieser Epoche beginnt man, Buddha in menschlicher Gestalt darzustellen, und nicht mehr allein durch seine Symbole. Dieser Wandel ist eine der Folgen der großen religiösen Revolution, die der Buddhismus erlebt: die *Sutras Prajñapāramitā* verkünden die Lehre der Bodhisattvas; etwas später entwickeln und nuancieren Nāgārjuna und seine Nachfolger die *shūnyatā*-Idee. Zum einen wird in die ernste Strenge des Buddhismus ein Gefühlselement eingeführt: die Gestalten der Bodhisattvas, die, von Mitleid bewegt, auf die Buddhaschaft verzichten oder, besser gesagt, über sie hinausgehen: ihre Aufgabe ist es, alle Lebewesen zu erlösen;[4] zum anderen gewinnt der Buddhismus dank dem radikalen Relativismus Nāgārjunas die Welt zurück. Die Brücke zwischen Dasein und Erlöschen hört auf, eine Brücke zu sein: die Leere ist mit der phänomenalen Wirklichkeit identisch, und deren Identität zu erfassen, sie zu verwirklichen, heißt den Sprung auf das andere Ufer tun, die »Vollkommene Weisheit« *(prajñapāramitā)* erlangen. Die romanische Kunst vereinigt die Ideen der Ordnung und des Rhythmus. Sie begreift den Tempel als einen Raum, der der Bereich des Übernatürlichen ist. Gleichwohl ist er ein weltlicher Raum: der Tempel will von der Erde nicht abheben, er ist, von der Vernunft entworfen und vom Rhythmus gemessen, die Stätte der spirituellen Präsenz. Der alte griechische und mediterrane Geist in seiner zwiefachen Neigung zur menschlichen Gestalt und zur Geometrie kommt erneut zum Ausdruck, jetzt in einer neuen Sprache . . . In Indien

4 Das Ideal des Hīnayāna-Buddhismus ist der *Arhat*, der Asket, der durch Konzentration und Meditation das Nirvāṇa erreicht und die Erscheinungswelt *(saṁsāra)* verläßt; der Mahāyāna-Buddhismus verherrlicht die Gestalt des Bodhisattvas, in dem die »Vollkommene Weisheit« sich mit dem Mitleid verbindet; in seiner letzten Form *(Vajrajana)* betont der tantrische Buddhismus das Gefühlselement des Mitleids. Wenn ich später vom Tantrismus spreche, werde ich daher (Mit-)Leiden schreiben, obgleich das Sanskrit-Wort dasselbe ist: *karuṇā*.

reißt eine strenge und zerstörerische Rationalität die Schranken zwischen der phänomenalen und der absoluten Wirklichkeit nieder und gewinnt das Zeichen *Körper* zurück, das aufhört, das Gegenteil von *Nicht-Körper* zu sein. Im Abendland steckt die Vernunft die Grenzen des sakralen Raums ab und baut Tempel nach dem Bilde der absoluten Vollkommenheit: irdische Wohnungen des *Nicht-Körpers*. Es sind die beiden großen Momente des Buddhismus und des Christentums, und in beiden wird, wo nicht eine unmögliche Harmonie zwischen den beiden Zeichen, so doch ein dynamisches Gleichgewicht erlangt: eine Fülle.

Die guptische und postguptische Kunst entspricht, im umgekehrten Sinne, der gotischen. Der erste Unterschied: die guptische und postguptische Periode ist vor allem eine hinduistische, insbesondere vishnuitische Renaissancezeit. Die große Innovation in der Architektur ist die Erfindung des Prototyps des Hindu-Tempels, wogegen die buddhistische Bildhauerkunst weniger interessant ist[5]; das gleiche gilt für die Architektur und die Malerei (eine Vorstellung, wie letztere ausgesehen haben mag, geben uns die späten Fresken von Adschanta). So dient, im Unterschied zum Abendland, ein und derselbe Kunststil dazu, verschiedenen religiösen Institutionen und Richtungen Ausdruck zu geben: dem Hinduismus, dem Buddhismus und dem Jainismus. Das war bereits früher der Fall gewesen, nur war die indische Kunst in den ersten beiden Perioden im wesentlichen buddhistisch; in ihr bestehen der Buddhismus und der Hinduismus nicht nur nebeneinander, sondern der erstere überläßt dem letzteren schließlich die zentrale Stellung. Im Abendland gibt es nur eine Religion und einen einzigen Stil; in Indien gibt es

5 Vgl. Hermann Goetz: *Indien* (Kunst der Welt, ²1960)

mehrere Religionen mit ein und demselben Stil. Der Wandel im Abendland ist künstlerischer Art: Übergang von der Romanik zur Gotik. In Indien gibt es keinen Wandel, sondern ein Stil wird zur Reife gebracht, danach beginnt ein Manierismus; der wahre Wandel ist religiöser Art: die theistischen[6] Bestrebungen mehren sich, und der Buddhismus vergrößert und kompliziert sein Pantheon. Die gotische Kunst ist sublim: die Kathedrale ist nicht der Raum, der die spirituelle Präsenz aufnimmt, sondern der zu ihr aufstrebt. Das Zeichen *Nicht-Körper* verflüchtigt das Figürliche, und der Stein selbst ist voll spiritueller Sehnsucht. Die Gupta-Kunst ist sinnlich selbst noch in ihrem spirituellsten Ausdruck wie dem des kontemplativen und lächelnden Antlitzes Vishnus oder Buddhas. Die Gotik ist Pfeil oder qualvoll sich windende Spirale; der Gupta-Stil liebt die Rundung, die, ob üppig oder dezent, von Leben strotzt: die Frucht, die Hüfte, die Brust.

Die postguptische sinnliche Spiritualität – wie sie in Adschanta, Elephanta oder Mahabalipuram zu sehen ist – ist bereits vom Stil her so ausgereift, daß sie bald ins Barocke mündet: siehe die riesigen, rauschhaft-erotischen Kathedralen von Khadschuraho und Konarak. Gleiches geschieht, in umgekehrtem Sinne, in der Schnörkelgotik. In beiden Stilen triumphiert die gewundene Linie, in beiden verflicht sich die Linie, entflicht sich und verflicht sich erneut und schafft so eine dichte Vegetation. Der Tempel als ein Wald, der mehr aus Zweigen und Blättern besteht denn aus Stämmen: ein unnötiges Wuchern, sei es des Geistigen oder des Körperlichen. In beiden Stilen: mystisch-erotische Manipulierung. Gestaltete Brände: das

6 Der Begriff Theismus ist zweideutig: die Verehrung eines mensch- oder bildgewordenen Gottes impliziert keineswegs die Idee Gottes als Schöpfer oder die eines alleinigen Gottes wie im Abendland.

Zeichen *Nicht-Körper* ist in der Schnörkelgotik allmächtig; das Zeichen *Körper* bedeckt die Wände der Hindu-Tempel. Diese stilistische Ähnlichkeit betont drei Gegensätze geschichtlicher Art. Der erste: Die Kunst des sogenannten indischen Mittelalters ist vorwiegend hinduistisch und erst in zweiter Linie buddhistisch, wogegen die Schnörkelgotik ausschließlich christlich ist. Der zweite: Die indische Kunst bleibt lebendig, und außerhalb Indiens, vor allem in Angkor, verjüngt sie sich sogar, während die christliche Kunst im Abendland erlischt. Der dritte: Auf die mittelalterliche Hindu-Kunst folgt in Indien nichts mehr: sie ist das Ende nicht nur eines Stils, sondern einer ganzen Kultur; nach der Schnörkelgotik entsteht eine andere Kunst und ein neues Abendland.

Alle diese Ähnlichkeiten und Gegensätze lassen sich reduzieren auf die Ähnlichkeit und den Gegensatz zwischen dem Urbuddhismus und der Reformation. Zwei Religionen ohne eigene Kunststile: die eine, weil sie ihn noch nicht geschaffen hatte, die andere, weil sie den, welchen ihr der römische Katholizismus bot, verschmäht hatte. Nun aber ist eine Religion, so nüchtern sie auch sein mag, ohne Liturgie, Symbole, Tempel oder Altäre keine Religion. Deshalb benutzte der Urbuddhismus den Stil, den er vorfand, und veränderte ihn so gut er konnte; ein Gleiches tat der Protestantismus. Obgleich wir die Heiligtümer des Urbuddhismus nicht kennen, geben uns die Zeugnisse der Literatur und der Archäologie eine ungefähre Vorstellung von ihnen.[7] Sie müssen den protestantischen Kirchen nicht unähnlich gewesen sein: die gleiche Nüchternheit und Schmucklosigkeit; der gleiche Abscheu vor den realistischen Bildern des Gekreuzigten beziehungsweise des Erleuchteten; die gleiche Verehrung der

7 Vgl. Étienne Lamotte, *Histoire du Bouddhisme Indien*, Louvain, 1958

abstrakten Symbole: Kreuz und Rad, Buch und Baum ... Diese kurze Schilderung der doppelten Bewegung der buddhistischen Kunst Indiens und der christlichen Kunst des Mittelalters – die eine führt von der Körperlosigkeit zur Verkörperung und die andere von der Verkörperung zur Körperlosigkeit – zeigt, daß sie in manchen Momenten fast völlig miteinander übereinstimmen. Eine illusorische Koinzidenz: jede Religion geht ihren eigenen Weg und kreuzt sich mit der anderen weder in der Zeit noch im Raum. Jede beschreibt eine Spirale, ohne zu wissen, daß sie, in umgekehrter Richtung, diejenige reproduziert, welche die andere beschreibt, so als handle es sich um eine Verdoppelung – wenn auch vollkommener und komplexer – jenes Spiels von Symmetrien, das Lévy-Strauss im mythologischen System der Indios entdeckt hat. Aus alldem läßt sich ohne Schwierigkeiten folgern: Wenn sich diese beiden Religionen nicht in der Geschichte berühren, so kreuzen sie sich doch auf diesen Seiten. Und sie kreuzen sich, weil der Geist aller Menschen zu allen Zeiten der Ort des Dialogs zwischen dem Zeichen *Körper* und dem Zeichen *Nicht-Körper* ist. Dieser Dialog *ist* die Menschen.

Nachstehend eine schematische Darstellung, welche die Beziehungen – Ähnlichkeiten und Gegensätze – zwischen der christlichen Kunst des Mittelalters und der buddhistischen Kunst Indiens zeigt:

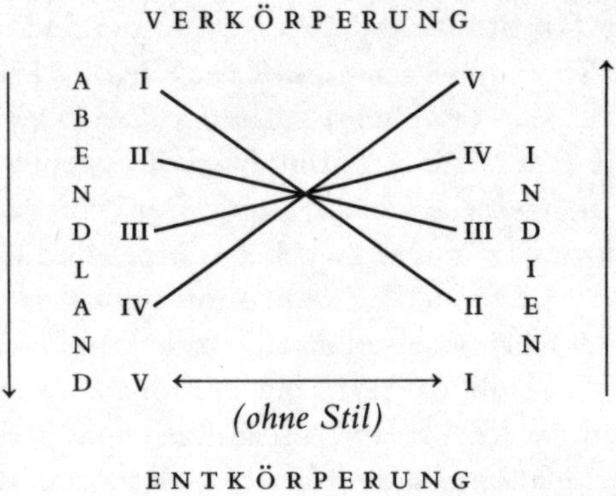

Die römischen Zahlen links (Abendland) bedeuten: I: (postkarolingische) Formative Periode; II: Romanik; III: Gotik; IV: Schnörkelgotik; V: Reformation (ohne eigenen Stil). Rechts (Indien): I: Urbuddhismus (ohne eigenen Stil); II: (postmauryische) Formative Periode; III: Die Kunst von Mathura, Santschi, Andrah und Westindien; IV: guptische und postguptische Periode; V: Hinduistisches Mittelalter.

Gottesurteil, göttliche Spiele

Der letzte und extremste Ausdruck der buddhistischen Verkörperung ist der Tantrismus; die letzte und radikalste Phase der christlichen Vergeistigung ist der Protestantismus. Die Parallele zwischen diesen beiden religiösen Richtungen ist in zweifacher Hinsicht bestechend: zum einen, weil sie exemplarisch ist für das starke Ungleichgewicht zwischen den Zeichen *Körper* und *Nicht-Körper*, und zum anderen, weil dieses Ungleichgewicht erneut die Form einer umgekehrten Symmetrie annimmt. Die Gegensätze zwischen Tantrismus und Protestantismus sind die von Licht und Schatten, Wärme und Kälte, Weiß und Schwarz. Beide stehen dem unlösbaren Konflikt zwischen Körper und Geist (Leere für den Buddhisten) gegenüber, und beide lösen ihn durch Übertreibung. Der Protestantismus übertreibt die Trennung zwischen Körper und Geist zugunsten des letzteren; der Tantrismus postuliert die Absorption des Körpers, ebenfalls zugunsten des »Geistes« (der Leere). Beide sind asketisch, nur dominiert im einen die Repression des Körpers und im anderen seine Reintegration. Zwei Haltungen, die zwei obsessive Arten der Sublimierung schaffen: eine moralische und utilitäre und eine amoralische und mystische.

Bekanntlich gibt es einen hinduistischen und einen buddhistischen Tantrismus. Seine Manifestationen sind, gleich ob im Bereich der rituellen und kontemplativen Praktiken *(sādhanā)* oder in dem der Doktrin und der Spekulation, manchmal nicht voneinander zu unterscheiden. Die Beziehungen zwischen diesen beiden Richtungen sind nicht völlig geklärt, und die Experten streiten sich noch, ob es sich um eine hinduistische Entlehnung *(Shaktismus und Shivaismus)* aus dem Buddhismus handelt, oder umgekehrt. Am wahrscheinlichsten ist, daß sie einen gemeinsamen Ursprung hatten und sich gleichzeitig und parallel zueinander entwickelt haben, ohne je ganz miteinander zu verschmelzen. Indes neigt man neuerdings zu der Ansicht, daß der tantrische Buddhismus dem hinduistischen voraufgeht und diesen beeinflußt hat. Tatsächlich erscheinen, André Bareau zufolge, bereits im 3. Jahrhundert Übersetzungen hinduistischer tantrischer Formeln *(dhārani)* ins Chinesische. Der Pilger Hiuan-tsang, der vier Jahrhunderte später Indien besuchte, »weist darauf hin, daß die buddhistischen Mönche der Provinz Uḍḍiyāna dieselben Formeln sprachen«. Die beiden großen Zentren des buddhistischen Tantrismus waren in West-Indien die Region von Uḍḍiyāna (das Swat-Tal) und in Ost-Indien die heutigen Staaten Bengalen, Bihar und Orissa. In diesen letzteren ist der (hinduistische) Tantrismus noch lebendig. Obgleich die Geschichte des Tantrismus noch zu schreiben bleibt, ist evident, daß seine beiden Zweige einen gemeinsamen Stamm haben. Aus dem Dialog zwischen Buddhismus und Hinduismus wird im Tantrismus so etwas wie ein Liebesduett: von der gleichen Melodie verzückt, nehmen sich die Protagonisten die Worte aus dem Mund.

Agehananda Bharati bemerkt, daß der hinduistische und der buddhistische Tantrismus keine neuen Spekulationen beinhalten oder etwas, das in den Lehren des Hinduismus sowie in denen des Mahāyāna-Buddhismus nicht bereits enthalten wäre.[8] Beider Originalität beruht auf den Praktiken, und vor allem auf der Emphase, mit der sie die Wirksamkeit dieser Praktiken proklamieren: die Befreiung *(mukti/shūnyatā)* ist eine Erfahrung, die wir hier und jetzt realisieren können. Beide Richtungen stimmen darin überein, daß diese Erfahrung in der Aufhebung oder Verschmelzung der Gegensätze besteht: des Weiblichen und des Männlichen, des Objekts und des Subjekts, der Erscheinungswelt und der übersinnlichen Welt. Ein Absolutes, das für den Hindu die Fülle des Seins ist und für den Buddhisten die unsägliche Leere. Auch die indische Tradition hatte, in ähnlichen Worten, die Aufhebung oder Verschmelzung der Gegensätze *(samavāya)* und den Aufstieg zu einem Zustand unbeschreiblicher Wonne, nicht unähnlich den Erfahrungen unserer Mystiker, affirmiert: Vereinigung mit dem Absoluten *(ānanda)* oder Auflösung

8 Agehananda Bharati, *The Tantric Tradition*. London, 1965. Dt. *Die Tantra Tradition*, Freiburg i. Br., 1977

in der Leere *(samatā)* oder Rückkehr zum Anfang allen Anfangs, zum Nativen *(sahaja)*. Das Wesensmerkmal des Tantrismus ist die Entschlossenheit, die Begriffssphäre und die gängige Moral (gute Werke und Andachtsübungen) hinter sich zu lassen und in eine wahre »dunkle Nacht« der Sinne einzutauchen. Der Tantrismus predigt eine totale, sowohl sinnliche als auch geistige Erfahrung, die ihre Konkretion im Ritus finden muß.

Sowohl der buddhistische als auch der hinduistische Tantrismus knüpfen an eine uralte Tradition orgiastischer Riten und solcher der Fruchtbarkeit an – besser gesagt: einverleiben sie sich wieder –, eine Tradition, die wahrscheinlich schon vor der Ankunft der Arier auf dem indischen Subkontinent bestand und somit wenigstens bis ins 2. Jahrtausend v. Chr. zurückreicht. Der Kult der Großen Göttin und eines asketischen, phallischen Gottes, den einige mit einem Proto-Shiva identifizieren, entstand, wie ich schon gesagt habe, bereits in der Industal-Kultur. Es handelt sich um eine Untergrundtradition, die die religiösen Wurzeln Indiens tränkt und heute noch die großen offiziellen Religionen nährt. Ihre Stellung und Funktion innerhalb der religiösen Welt könnte vielleicht, wenngleich mit einigem Vorbehalt, mit dem mittelalterlichen Zauberwesen im Abendland verglichen werden. Die Feindlichkeit der offiziellen indischen Religionen gegenüber den vorvedischen Kulten war viel geringer als jene des Christentums gegenüber der Zauberei; auch war und ist die Kraft und der Einfluß der unterirdischen Strömung in Indien viel größer als in Europa. Bei uns wurden die Zauberei und die anderen Survivals des Heidentums unterdrückt oder gingen, sehr abgeschwächt und entstellt, im *Corpus* des Katholizismus auf; in Indien nährte die alte Strömung insgeheim nicht nur die offiziellen Religionen, sondern es gelang ihr auch, sich in ihnen als ein eigener Bereich zu konstituieren und sich schließlich im Tantrismus als ein legitimer, wenngleich exzentrischer Weg zur Befreiung von der Seelenwanderung und zur Erlangung eines Zustands der Glückseligkeit und der Erleuchtung zu behaupten. Die Haltungen der indischen und christlichen Orthodoxien gegenüber ihren jeweiligen Paganismen *(Körper)* sind höhere und extreme Beispiele der Verbindung und Trennung . . .

Es scheint mir unnötig, mich bei dem Thema der Ähnlichkeiten zwischen dem tantrischen und dem hinduistischen Buddhismus noch länger aufzuhalten. Dagegen möchte ich auf eine Bemerkung von Agehananda Bharati eingehen: Während der hinduistische Zweig dem buddhistischen einen großen Teil seines Begriffssystems und seines philosophischen Vokabulars verdankt, verdankt dieser dem hinduistischen viele Gottheiten seines weiblichen Pantheons. Dieser Umstand legt es nahe, sich im Sinne dieser Reflexionen vor allem auf den tantrischen Buddhismus als dem anderen Pol des protestantischen Christentums zu konzentrieren. Zudem waren der tantrische Buddhismus und der Protestantismus radikale, heftige Reaktionen auf ihre jeweiligen religiösen Traditionen; heftig, radikal in entgegengesetzter Richtung: gegen die Negation des Zeichens *Körper* im Buddhismus und gegen seine Bejahung im römischen Katholizismus. Aus diesen Gründen, und noch anderen, die in diesen Überlegungen später auftauchen werden, beziehe ich mich im folgenden fast ausschließlich auf den tantrischen Buddhismus. Indes werde ich mich zu gegebener Zeit, auf die Gefahr hin, die Darstellung zu komplizieren, auch mit den aufschlußreichen Gegensätzen zwischen der hinduistischen und der buddhistischen Haltung befassen müssen.

Ich beginne mit den Beziehungen des tantrischen Buddhismus und des Protestantismus zu den religiösen Traditionen, deren Erben sie sind, die von ihnen jedoch umgeformt werden: Mahāyāna-Buddhismus und römischer Katholizismus. Die buddhistische Tradition (ich vereinfache) ist ihrerseits das Ergebnis zweier anderer: der Yoga-Tradition und der Tradition der Upanishaden. Erstere ist körperlich und magisch, letztere spekulativ und metaphysisch. Die Yoga-Tradition ist wahrscheinlich die ältere und entspricht dem einheimischen, präarischen Erbe; die andere ist arisch und steht in direkter Beziehung zur brahmanischen Strömung, deren Ausdruck und Kritik sie ist. Der Buddhismus stellt sich anfangs als eine Kritik des Brahmanismus dar, aber er ist eine Kritik, die sich zwangsläufig, spontan, und sei es, um sie zu negieren, mit der Tradition der Upanishaden verbindet, die ihrerseits eine kritische und spekulative Tradition ist. Im Inneren des Buddhismus führen die Vernunftsrichtung und die Yoga-Richtung, die Praktiken stiller Meditation und die philosophischen Dispute, einen ständigen Dialog: der Yoga-Askese des Hīnayāna stehen die schwindelerregenden Konstruktionen (besser gesagt: Destruktionen) des Mahāyāna entgegen; der strengen philosophischen Kritik des Hīnayāna der Gefühlsüberschwang der Bodhisattvas des Mahāyāna. Dialektik der Verbindung: der Buddhismus trachtet eher danach, das Gegensätzliche zu assimilieren und zu absorbieren, denn es zu beseitigen. Der Logik ihrer Prinzipien folgend oder auf Grund der Neigung des indischen Geistes, die Gegensätze aufzuheben, ohne sie zu vernichten, affirmierte die Mahāyāna-Richtung die letzte Identität zwischen der Erscheinungswelt und der Leere, zwischen Saṁsāra und Nirvāṇa. Diese überraschende metaphysische Bejahung mußte zu einer Wiederbelebung der körperlichen Yoga-Strömung führen, doch nun als einer Askese mit umgekehrtem Vorzeichen: als eine Erotik. Weder entfernt sich der Tantrismus damit vom Buddhismus, noch ist er, wie man behauptet, in seiner Magie und Erotik ein Fremdkörper, der die kritische und spekulative Tradition zerstört. Dem Buddhismus treu, ist er im Gegenteil ein neuer, radikalerer Versuch, das einheimische körperliche Yoga-Element in die große kritische und metaphysische Negation des Mahāyāna-Buddhismus wiederaufzunehmen. (Oder in die große Bejahung der vedantischen Nicht-Dualität im Falle des hinduistischen Tantrismus.) Kurz, der Tantrismus strebt die enge Verschmelzung der beiden Traditionen durch Wiederaufnahme des ältesten, des magischen und körperlichen Elements an. Der Protestantismus verhält sich gegenüber dem Katholizismus genau umgekehrt. Auch der Katholizismus ist das Ergebnis zweier Traditionen: des judäischen Monotheismus und des griechisch-römischen Erbes. Letzteres enthält ein spekulatives, körperliches und orgiastisches Element, wogegen der Judaismus nicht metaphysisch, sondern moralisch ist und einen nicht-bildhaften Gott verehrt, dessen Name nicht ausgeprochen werden darf. Der Protestantismus negiert oder, in seinen weniger extremen Formen, schmälert das griechisch-römische Erbe und idealisiert ein Bild des Urchristentums, das dem strengen judäischen Monotheismus näher ist. Mit anderen Worten: Trennung der beiden Traditionen und Bevorzugung der antikörperlichen und antimetaphysischen Richtung. Innerhalb der religiösen Tradition Indiens ist der Buddhismus eine Art Reformation, und seine Kritik des Brahmanismus gipfelt in einer Trennung, die jener des Protestantismus von der römisch-katholischen Kirche entspricht: jedoch besteht die Geschichte des indischen Buddhismus aus einer Reihe von Kompromissen, weniger mit der hinduistischen Orthodoxie als mit ihren Glaubensanschauungen; der letzte und totalste dieser Kompromisse ist der Tantrismus. Der Protestantismus dagegen war und ist ein Bruch, den nichts und niemand hat heilen können. Ungleichgewicht durch Verbindung, Ungleichgewicht durch Trennung.

Aufschlußreich ist die verschiedene Einstellung zu den Nahrungsmitteln. Beim Protestantismus ist allgemeine Regel die Nüchternheit und damit die Einfachheit und der Nährwert der Speisen. Weder exzessives Fasten noch gastronomische Orgien: eine fade Küche, die rein auf den Nutzen bedacht ist. Das tantrische Bankett ist vor allem ein Exzeß, und sein Nutzen, falls man überhaupt davon reden kann, ist überweltlich. Es gibt zwei Normen der weltlichen Küche: das Verteilen der Speisen auf verschiedene Teller und das zurückhaltende Benehmen bei Tisch. Vor dem Altar und im Augenblick der Kommunion verwandelt sich die Reserviertheit in innere Sammlung und stille Andacht. In Indien werden alle Speisen auf einem Teller vermischt, sei es aus Askese oder aus Hedonismus, diesen beiden Polen der hinduistischen Mentalität. Aus demselben Grunde, aber auch, weil man kein Besteck benutzt, ist die Beziehung zur Nahrung direkter und physischer: man ißt mit den Händen, und manchmal ist der Teller das Blatt eines Baumes. Der Tantrismus übertreibt dieses Verhalten noch, und beim rituellen Mahl wird unverhohlen barbarisch gegessen. Dadurch wird der religiöse Charakter der Handlung betont: Rückkehr zum Urchaos, Absorption der animalischen Welt. Im einen Falle schales Essen, im anderen ein Unmaß an Gewürzen; nutritiver Wert, sakramentaler Wert; Nüchternheit, Exzeß; Distanz und Reserviertheit gegenüber der Nahrung, Nähe und Gefräßigkeit; Trennung der Nahrungsmittel, Vermischung erlaubter und unerlaubter Substanzen.

Die Bestimmung dessen, was im und beim Essen erlaubt und unerlaubt ist, bringt mit frappierender Deutlichkeit die Dichotomie von protestantischer Separierung und tantrischer Vermengung zum Ausdruck. Das protestantische Sakrament ist fast immateriell und betont so, im Unterschied zum katholischen Ritus, die Trennung zwischen Körper und Geist. Das tantrische Festmahl ist eine rituelle Übertretung der diätetischen und moralischen Verbote des Hinduismus und Buddhismus. Es wird nicht nur Fleisch gegessen und Alkohol getrunken, sondern man nimmt auch unreine Stoffe zu sich. Das *Tantra Hevajra* sagt es mit aller Deutlichkeit: »With the body naked and adorned with the bones accoutrements, one should eat the sacrament in its foul and impure form.« Das Sakrament setzt sich zusammen aus winzigen Portionen Fleisch vom Menschen, von der Kuh, vom Elefanten, vom Pferd und vom Hund, die der Adept vermischen, kneten, reinigen, verbrennen und zu eben der Zeit essen muß, da er die »fünf Ambrosias« zu sich nimmt. Weder aus dem Text noch aus den Kommentaren geht klar hervor, worum es sich bei diesen Ambrosias handelt: ob es der Urin, der Kot, der Samen und andere Stoffe des Körpers sind oder die fünf Produkte der Kuh oder auch die allegorischen Namen der fünf Sinne.[9] Wie immer man diese und andere Passagen deuten mag, die Tantratexte, seien sie buddhistisch oder hinduistisch, lassen keinen Zweifel an der Notwendigkeit, im Augenblick der Einweihung unreine Speisen zu essen. Allerdings bestehen fast alle Kommentatoren auf dem Symbol-Charakter der Ingredienzen, zumal wenn es sich wie bei jenen, die das *Tantra Hevajra* erwähnt, um exkrementelle Stoffe und um Menschen-

9 Siehe *The Hevajra Tantra*, London, 1951. Übersetzt und kommentiert von D. L. Snellgrove.

fleisch handelt. Sie betonen, daß die Texte eine allegorische Sprache benutzen: die Namen der Substanzen und unreinen Dinge bezeichnen in Wirklichkeit Ritualgegenstände und spirituelle Vorstellungen. Diese Deutung ist schwerlich überzeugend: in vielen Fällen ist die allegorische Beziehung gerade umgekehrt, das heißt, die Namen von Ideen und Ritualgegenständen bezeichnen in der verschlüsselten Sprache der Texte materielle Stoffe und Sexualorgane und -funktionen. Beispiele: *bala* (Geisteskraft) → *māṃsa* (Fleisch); *kakhola* (wohlriechende Pflanze) → *padma* (Lotos, Vulva); *sūrya* (Sonne) → *rajas* (Menstruation); *bodhicitta* (Gedanke der Erleuchtung) → *shukra* (Samen). Die Liste ließe sich beliebig verlängern.[10] Ich will damit natürlich nicht sagen, daß sich die allegorische Sprache der Tantra darin erschöpft, daß sie den Worten, die spirituelle Vorstellungen bezeichnen, sexuelle Bedeutungen gibt. Die tantrische Sprache ist eine poetische Sprache, und deshalb haben ihre Worte stets mehrere Bedeutungen. Zudem besitzt sie die Eigenschaft, Bedeutungen auszustrahlen, die, so könnte man sagen, umkehrbar sind. Die Umkehrbarkeit impliziert, daß jedes Wort oder Ding in sein Gegenteil verwandelt werden, und dann wieder, oder zugleich, es selbst sein kann. Die Grundvoraussetzung des Tantrismus ist die Aufhebung der Gegensätze – ohne sie zu beseitigen; dieses Postulat führt ihn zu einem weiteren; der Wandelbarkeit des Sinns, des ständigen Schwankens der Zeichen und ihrer Bedeutungen. Das Fleisch ist tatsächlich geistige Konzentration; die Vulva ist eine Lotosblume, die die Leere ist, die die Weisheit ist; der Samen und die Erleuchtung sind ein und dasselbe; sexuelle Vereinigung

10 Vgl. *The Hevajra Tantra* und das bereits erwähnte Buch von A. Bharati, *The Tantric Tradition*, insbesondere das der »internationalen Sprache« *(Sandhabhasa)* gewidmete Kapitel.

(samarasa) ist, wie Mircea Eliade bemerkt, »identité de jouissance«: Verschmelzung von Subjekt und Objekt, Rückkehr zum Einen.

Es ist durchaus möglich, daß sich der Ritus oft dem Buchstaben nach vollzogen hat. Im übrigen wäre es müßig, wollte man den nicht nur abstoßenden, sondern zuweilen auch offen kriminellen Charakter der tantrischen Rituale verhehlen. Einerseits ist es der Umkehrbarkeit wegen unnütz, sich darüber zu streiten, ob wir es mit Symbolen oder Wirklichkeiten zu tun haben: die Symbole werden als Wirklichkeiten erlebt, und die Wirklichkeit besitzt eine symbolische Dimension, ist eine Metapher des Absoluten; andererseits ist es natürlich, daß, wenn der Ritus bezweckt, einen Zustand von Nicht-Dualität zu erreichen, sei es durch Verschmelzung mit dem Sein oder durch Auflösung in die universale Leere, mit allen Mitteln versucht wird, die Unterschiede zwischen dem Erlaubten und dem Verbotenen, dem Angenehmen und dem Unreinen, dem Guten und dem Schlechten radikal zu beseitigen. Das tantrische Mahl ist eine Überschreitung. Im Unterschied zu den Überschreitungen im Abendland, die Aggressionen sind, mit dem Ziel, den Gegner zu verletzen oder zu vernichten, will die des Tantrismus sämtliche Substanzen reintegrieren – genauer: wiedereinverleiben –, ohne die unreinen, wie das Exkrement, und die verbotenen, wie das Menschenfleisch, auszuschließen.

Die hinduistischen Tantra beziehen sich auf die Konsumierung der fünf M, das heißt der fünf von der brahmanischen Orthodoxie verbotenen Substanzen, die mit dem Buchstaben M beginnen: *madya* (Wein), *matsya* (Fisch), *māṃsa* (Fleisch), *mudrā* (Bohnen) und *maithuna* (sexuelle Vereinigung). Die beiden letzten »Ingredienzen« muten sonderbar an. Bharati identifiziert *mudrā* als Bohnen und nimmt an, daß die Tantriker diesem harmlosen Nahrungsmittel aphrodisische Kraft beimessen. Im buddhistischen Ritus ist *mudrā* der weibliche Partner. Wahrscheinlich hatte das Wort im hinduistischen Ritus die gleiche Bedeutung. Eine andere Möglichkeit: Vielleicht bezeichnete *mudrā* eine Droge oder eine Portion Menschenfleisch. Diese letztere Hypothese wird vom *Tantra Hevajra*, das in aller Deutlichkeit und wiederholt von Menschenfleisch als sakralem Nahrungsmittel spricht, bestätigt. Was die Droge betrifft, sagt Bharati, daß man während des Ritus ein Glas *vijayā* trinkt, was nichts anderes ist als der tantrische Name für *bhāng*, ein Trank aus gemahlenem und in Kuh- und Mandelmilch aufgelöstem *Cannabis Indica*, der im Norden Indiens, vor allem bei den Bettelmönchen, sehr beliebt ist. Unklar ist auch, weshalb den fünf M die sexuelle Vereinigung zugerechnet wird: sie ist weder ein Ingredienz noch ein Nahrungsmittel. Zudem ist sie für sich allein der Mittelpunkt des Ritus. Diese Unstimmigkeiten zeigen, daß die hinduistische tantrische Tradition eine Zeit der Konfusion und der Desintegration durchmacht . . . Es ist nicht nötig, uns noch weiter dabei aufzuhalten: die extreme Immaterialität des protestantischen Sakraments betont die Trennung zwischen Geist und Materie, Mensch und Welt, Seele und Körper; das tantrische Festmahl ist eine willentliche Überschreitung, ein Bruch der Normen, der die Wiedervereinigung aller Elemente und Substanzen zum Ziel hat. Die Wände einreißen, die Grenzen überschreiten, die Unterschiede zwischen dem Schrecklichen und dem Göttlichen, dem Tierischen und dem Menschlichen, dem toten Fleisch und den lebendigen Körpern aufheben: *samarasa*, der einzige Geschmack aller Substanzen.

Der gleiche Gegensatz zeigt sich auch im eigentlich zeremoniellen Bereich der Riten. Die protestantische Kommunion ist individuell und hat, wie ich schon sagte, den materiellen, körperlichen Charakter des Sakraments kaum bewahrt. Der protestantische Ritus will Christi Wort ins Gedächtnis rufen, er ist kein Nachvollzug seines Opfers wie in der katholischen Messe. In der tantrischen Zeremonie vermischen sich alle Kasten, die Tabus der Ansteckung durch körperliche Berührung verschwinden, und das Sakrament ist gemeinschaftlich und deutlich materiell, substantiell. Immaterielle Speise und individuelle Kommunion; äußerst materielle Speise und gemeinschaftliche Kommunion. Einerseits Trennung: Übertreibung der Reinheit; andererseits Vermischung: Betonung der Unreinheit. Das Kastensystem beruht auf einer strengen, hierarchischen Unterscheidung gesellschaftlicher Gruppen, die sich auf die religiösen Ideen des Reinen und Unreinen gründet. Je höher die Kaste, desto strenger die Nahrungs- und Sexualverbote und desto größer die Trennung von der natürlichen Welt und den anderen Menschengruppen; in den niederen Kasten dagegen sind die rituellen Verbote weniger streng und die Gefahren der Ansteckung durch Berührung mit dem Profanen, dem Tierischen oder dem Unreinen geringer. Reinheit bedeutet Trennung, Unreinheit Vereinigung. Die tantrische Zeremonie stößt die Gesellschaftsordnung um, verfolgt damit jedoch keine revolutionären, sondern rituelle Absichten: sie affirmiert mit noch mehr Nachdruck als die offiziellen Religionen das unabdingbare Primat des Sakralen über das Profane. Auch der Protestantismus war eine Subversion der gesellschaftlichen und religiösen Ordnung, jedoch beseitigte er die alten Hierarchien nicht, um zur ursprünglichen Gleichheit zurückzukehren, sondern im Gegenteil, um die Freiheit und Verantwortung des einzelnen zu stärken. Mit anderen Worten: er trennte, unterschied, zog Grenzen, um das persönliche Bewußtsein und das Privatleben zu schützen. Im einen Fall Gemeinschaftlichkeit; im anderen Individualismus. Als religiöse Reform war der Protestantismus auch eine gesellschaftliche und politische Revolution. Als Überschreitung der religiösen Ordnung verließ der Tantrismus nie den Bereich der Symbole und Riten: er war (und ist) keine Rebellion, sondern eine Zeremonie. Die gesellschaftliche Überschreitung des Tantrismus ergänzt die Überschreitung der Nahrungsverbote, und beide verfolgen dasselbe Ziel: die Verbindung der Zeichen *Körper* und *Nicht-Körper*. Der Auflösung der Substanzen mit ihrem unterschiedlichen Geschmack in einen einzigen Geschmack entspricht die Auflösung der Kasten und Hierarchien im Kreis der Adepten: ein Bild der ursprünglichen Gleichheit.

Die ersten neuzeitlichen Berichte über den Tantrismus finden sich in Erzählungen und Erinnerungen einiger europäischer Reisender und Kolonisten. Fast alle diese Zeugnisse stammen aus dem Ende des 18. und dem Beginn des 19. Jahrhunderts. Es sind verschleierte und, versteht sich, indignierte Bemerkungen; bisweilen ist der Ton auch offener und zugleich feindseliger: übertriebene Schmähungen, in denen sich Abscheu mit Entsetzen mischt – und beides mit uneingestandener Faszination. Dieser Umstand, wie auch die Tatsache, daß die Autoren dieser Zeugnisse Missionare und Beamte der *British Raj* waren, haben dazu geführt, daß man sie als wertlos erachtete, so als handle es sich um Lügenmärchen und Verleumdungen. Doch gibt es keinen Grund, sie völlig zu ignorieren. So parteiisch sie sein mögen, enthalten sie doch ein Körnchen

Wahrheit. Der Beweis dafür ist, daß sie oft mit den religiösen Texten übereinstimmen. Ich denke an den Ritualmord, auf den einige dieser Berichte anspielen. Obgleich ihn die meisten modernen (europäischen und indischen) Kommentatoren systematisch verschweigen, findet er sich wörtlich im *Tantra Hevajra* und, soweit ich weiß, auch in manchen anderen Texten. Die modernen Interpreten versuchen, darin früheren Kommentatoren folgend, die Gegenwart eines Leichnams beim Ritus – sei es der Körper eines Ermordeten oder eines von der Verbrennungsstätte gestohlenen Toten – als ein weiteres Beispiel für den Symbolismus, wie im Falle der unreinen und exkrementellen Nahrung, zu erklären. Indes weiß auch der Tantrismus zwischen symbolischer oder allegorischer Bedeutung und materieller Bedeutung zu unterscheiden. Wie es für ein solches System typisch ist, nimmt die Unterscheidung die Form einer rituellen Zweiteilung an: die Adepten der »rechten Hand« folgen der allegorischen Deutung, während jene der »linken Hand« den Text dem Buchstaben nach anwenden. Nun ist der Tantrismus der »linken Hand« aber nicht nur radikaler, sondern er ist auch in stärkerem Maße tantrisch: ich habe schon gesagt, daß in diesem religiösen System das Entscheidende nicht die Lehre, sondern die Praxis *(sādhanā)* ist. Bleibt hinzuzufügen, daß der Unterschied zwischen den Riten der »rechten Hand« und denen der »linken« zwar groß, aber nicht unüberbrückbar ist. Alles im Tantrismus ist wirklich – und alles ist symbolisch. Die phänomenale Wirklichkeit ist lediglich das Symbol der anderen Wirklichkeit: wir berühren Symbole, wenn wir Körper und materielle Gegenstände zu berühren meinen. Und umgekehrt: dem Gesetz der Umkehrbarkeit zufolge sind alle Symbole wirklich und berührbar, die Ideen sind Körper, und selbst das Nichts hat einen Geschmack. Es ist gleich, ob das Verbrechen wirklich oder symbolisch ist: Wirklichkeit und Symbol verschmelzen, und indem sie verschmelzen, lösen sie sich auf.

Im Unterschied zu den Menschenopfern der Azteken und anderer Völker ist der tantrische Mord, ob wirklich oder sinnbildlich, weniger ein Opfer als eine rituelle Überschreitung. Genauer: Das Opfer, mag es sich um eine Opfergabe oder ein Sühneopfer handeln, ist ein Teil des Ritus, jedoch nicht der wichtigste. Das Wesentliche ist nicht die Opferung; was zählt, ist der Mord: das Verbrechen, die Überschreitung, das Durchbrechen der Grenzen zwischen dem Erlaubten und dem Verbotenen. Die Bedeutung der Handlung ist genau entgegengesetzt derjenigen, die in anderen Religionen üblich ist und dominiert. Es herrscht hier dieselbe Dialektik von Bruch und erneuter Vereinigung, die das Essen unreiner Nahrung und die Vermischung der Kasten im Kreis der Zelebranten regiert. Der Protestantismus kennt nichts dergleichen. Seine Dialektik ist nicht die der Überschreitung – Bruch, der die Schrankenlosigkeit und damit die Verbindung der Gegensätze bewirkt –, sondern die Bestrafung des Schuldigen. Die Gerechtigkeit richtet die Grenzen, die das Verbrechen verletzt hat, wieder auf. Einteilung, Verteilung von Belohnungen und Strafen: eine Welt, in der ein jeder den ihm gebührenden Platz einnimmt. Der Opfergedanke verweist auf verschiedene Wirklichkeiten und Begriffe. Im Protestantismus ist das Opfer unblutig, ethisch; zudem ist das Vorbild des christlichen Opfers das Opfer Gottes, das ein freiwilliges ist: es gibt kein anderes Opfer als das unserer selbst. Im tantrischen Ritus ist es der Zelebrant, der das Opfer darbringt; in der christlichen Zeremonie bringt sich der Gläubige, in Nachahmung Christi, selber zum Opfer. Sein Opfer ist symbolisch, ist eine Vergegenwärtigung des göttlichen Opfers. Zuletzt: Im protestantischen Christentum ist das Opfer vor allem eine Verinnerlichung des Leidens Christi oder dessen symbolischer Ausdruck, jedoch nicht im Ritus, sondern im täglichen Leben: in der Arbeit und im gesellschaftlichen Verhalten. Im einen wie im anderen Fall hört das Opfer auf, körperlich zu sein. Im Tantrismus Verschmelzung von Symbol und Wirklichkeit: das Opfer kann wirklich oder sinnbildlich sein; im protestantischen Christentum klare Trennung zwischen dem echten und dem symbolischen Blut. Einerseits Vorherrschen der magischen, physischen Werte; andererseits Primat der Moral.

Ein weiterer Gegensatz ist die unterschiedliche Haltung gegenüber dem Tod, genauer, gegenüber den Toten. Obgleich sich die Christen den Tod stets vor Augen halten und sich seiner Gegenwart immer bewußt sind, löschte der Protestantismus dessen körperliche Darstellungen bald aus oder milderte sie zumindest ab. Der Tod wurde Idee, Gedanke, der das innere Bewußtsein plagt und nicht zur Ruhe kommen läßt: er verlor Körper und Gestalt. All jene zugleich prachtvollen und schrecklichen Bilder, von denen die Künstler des Mittelalters und des Barock in den katholischen Ländern besessen waren, verschwanden. Die Haltung gegenüber dem Leichnam, wenn nicht gegenüber dem Tode, war ähnlich derjenigen, die man gegenüber dem Gold und dem Exkrement einnahm: Verbergung und Sublimierung. Verflüchtigung des Toten und Verwandlung des Todes in moralische Idee. Ich weiß nicht, ob der Gedanke der Seelenwanderung den Indern hilft, die Wirklichkeit des Todes zu ertragen. Sterben ist schwierig in allen Zeiten und in allen Zivilisationen. Ich fürchte, daß die Funktion dieser Glaubensanschauung analog derjenigen unserer Glaubensanschauungen ist: eine Manipulation, die uns vor dem Schrecken, den wir angesichts der Vergänglichkeit und der Erbärmlichkeit der Existenz empfinden, bewahrt, eine Projektion unserer Angst vor dem endgültigen Erlöschen. Selbst Buddha verurteilte die Nihilisten, die die universale und absolute Vernichtung postulierten. Wie dem auch sei, die Haltung der Inder gegenüber den Toten ist natürlicher als die der protestantischen Christen, nur gefallen sie sich nicht, wie wir Spanier und Hispanoamerikaner, in ihren physischen, fleischlichen Darstellungen – außer im Tantrismus. Der Vorliebe der Mexikaner für Skelette und Totenschädel begegnet man nirgendwo sonst in der Welt, außer in der buddhistischen Kunst Tibets und Nepals. Es gibt jedoch einen Unterschied: unsere Skelette sind eine Verspottung des Lebens und der Lebenden; die der buddhistischen Kunst sind schreckenerregend und obszön. Zudem: Kein Bild des spanischen und hispanoamerikanischen Katholizismus, keine Allegorie von Valdés Leal und kein Totenschädel von Posada besitzen die Bannkraft dieses echten Leichnams, um den sich, einigen Informanten zufolge, in manchen geheimen Zeremonien der ganze Ritus dreht. Die Definition Philip Rawsons ist sachlich und knapp: »Sexual meditation among the corpses«.[11] Das genaue Gegenteil der christlichen Meditation über den Tod und die Toten.

Die Entrüstung der ersten europäischen Reisenden angesichts der tantrischen Praktiken ist bis zu einem gewissen Grad verständlich: die Heftigkeit ihres Tadels entspricht der Violenz der Überschreitung. Die Diatriben der christlichen Missionare sind im übrigen nicht exaltierter als die der orthodoxen Brahmanen, einschließlich die ei-

11 *Erotic Art of the East*, New York, 1968

niger tibetanischer Mönche. Hören wir Lha lama Yesheö, der im 16. Jahrhundert schrieb: »Nach dem Vollzug der Riten sexueller Vereinigung kopulieren die Leute ohne Rücksicht auf ihre Blutsverwandtschaft ... Eure Praktiken, ihr tantrischen Dorfpriester, mögen anderen, wo sie in fremden Ländern davon reden hören, wunderbar erscheinen ... aber ihr giert mehr nach Fleisch als Falken und Wölfe, seid geiler als Esel und Stiere, lechzt mehr nach Zerfall als Ruinen oder einer Leiche Brust. Ihr seid unreiner als Hunde und Schweine. Da ihr den reinen Göttern Kot, Urin, Sperma und Blut angeboten habt, werdet ihr wiedergeboren im Sumpf verwester Kadaver. Wie erbärmlich!«[12] Diese Verwünschung drückt den Abscheu des moralischen Bewußtseins vor dem Tantrismus aus. Die Moral – sei sie buddhistisch, christlich, atheistisch – ist dualistisch: hier und dort, gut und böse, links und rechts. Doch ist der Tantrismus, was wohl kaum gesagt werden muß, nicht unmoralisch: da er danach trachtet, alle Dualismen zu überwinden, gebührt ihm nicht einmal das Adjektiv *amoralisch*. Die tantrische Haltung ist, gerade weil sie zutiefst religiös ist, nicht moralisch. Im Bereich des Numinosen gibt es weder hier noch dort, weder dieses noch jenes – weder Kardinalpunkte noch moralische Gebote. Der Tantrismus ist ein übermenschlicher Versuch, wirklich jenseits von Gut und Böse zu gelangen. In dieser Maßlosigkeit könnte er an Nietzsche erinnern. Doch der »Nihilismus« Nietzsches ist philosophisch, nicht religiös. Außerdem ist er einsam: das Gelächter und der Tanz des Übermenschen über dem Abgrund der ewigen Wiederkehr. Der Ritus, dieses Zentrum, das Herz des Tantrismus, ist etwas, das Nietzsche ablehnt. Nichtsdestoweniger ist der Ritus die ewige Wiederkehr, es gibt keine Wiederkehr

12 Zitiert von R. A. Stein in *La civilisation tibétaine*, Paris, 1962

der Zeiten ohne Ritus, ohne Verkörperung und Manifestation der sakralen Zeit. Ohne Ritus keine Wiederkehr. Nietzsches Widerspruch: der Übermensch, der »vollkommene Nihilist«, ist ein Gott ohne Religion (Ritus) und ohne Wiederkehr; der Widerspruch des Tantrismus: ein Ritus, der nie in die Geschichte einmündet, der nur Wiederkehr, Wiederholung ist. Ich resümiere: was im Abendland Aktivität und Geschichte ist, ist in Indien Ritus und Symbol. Auf den Gedanken, die Welt zu verändern, antwortet (antwortete) Indien mit einem anderen, der nicht minder beeindruckt: die Welt auflösen, zur Metapher machen.

Bharati betont wiederholt den experimentellen Charakter des Tantrismus. Die Beobachtung ist richtig, wo sie sich auf den im strengen Sinne religiösen Bereich beschränkt. Übrigens gibt es für den Tantrismus gar keinen anderen. Meinerseits möchte ich auf die Tendenz hinweisen, die Symbole ihrem Buchstaben nach zu deuten und zu verwirklichen. Eine Buchstäblichkeit, die naiv und schreckenerregend ist, unschuldig und grausam, exakt wie eine Rechenoperation und halluzinatorisch wie eine Reise im Traum. Der Tantrismus ist ein System der Verkörperung der Bilder, und das ist der Grund, weshalb er uns abwechselnd anzieht und abstößt. Der Abbé Dubois, einer der ersten, der sich mit den Sitten und Gebräuchen Indiens beschäftigte, berichtet, daß bei dem »schändlichen tantrischen Festmahl« die Speisen auf einem nackten, auf dem Rücken liegenden Mädchen aufgetragen wurden. Viele Freunde und Verteidiger der indischen Kultur haben den Abbé einen Lügner und Irren genannt. Ich weiß nicht, was mich mehr empört, Dubois' Ingrimm oder die Heuchelei der anderen. Nichts, abgesehen von der falschen Scham, mit der er Konarak und seine erotischen Skulpturen »the black pagoda« nannte, erlaubt uns, an der Wahrheitsliebe des Abbés zu zweifeln. Andererseits dürfte das Zelebrieren eines Festes, bei dem ein nacktes Mädchen als Spenderin des Sakraments fungiert, nicht Tadel, sondern Lob verdienen. Es ist die Verkörperung eines Bildes, das in der Dichtung aller Zeiten auftaucht: der Körper der Frau als Altar, als ein lebendiger Tisch voller echter, frischer Früchte, göttlicher und schrecklicher. Novalis sagte, daß die Frau die höchste körperliche Nahrung ist; sagt eben das, nur fleischlich und buchstäblich, nicht auch der tantrische Ritus? Durst und Hunger nach sakraler Speise, Festmahl unserer Sterblichkeit, Eucharistie. Vor einigen Jahren gab es während der Surrealisten-Ausstellung, die der Erotik gewidmet war, eine ähnliche Zeremonie: ein Festmahl, bei dem der Tisch ein nacktes Mädchen war. Die Surrealisten wußten nichts von dem indischen Präzedenzfall. Die Bilder verkörpern sich.

Wie das ganze Christentum, nur noch deutlicher, ermangelt auch der Protestantismus wirklich erotischer Riten. Der Tantrismus ist vor allem ein Sexualritus. Die Zeremonie der christlichen Eheschließung ist öffentlich, aber die sexuelle Vereinigung des Ehepaares ist privat. Die tantrische Zeremonie besteht in der sexuellen Vereinigung, sei es der mehrerer Paare oder eines einzigen, vor den Augen der Eingeweihten. Zudem erfolgt sie nicht mit der Gattin, sondern mit einer Yoginī, die im allgemeinen aus einer niederen Kaste stammt. Bei den Christen wird der Geschlechtsakt im Schlafzimmer vollzogen, das heißt an einem profanen Ort; die Tantra schreiben ausdrücklich vor, daß er in einem Tempel oder an einer heiligen Stätte, vorzugsweise an Verbrennungsstätten, stattfinden muß. Sexuelle Vereinigung auf der Asche von Toten: Aufhebung des Gegensatzes zwischen Leben und Tod, Auflösung beider in der Leere. Die Absorption des Todes durch das Leben ist das genaue Gegenteil des Christentums; die Auflösung beider in einen dritten Begriff, *shūnyatā*, ist das genaue Gegenteil des mediterranen Heidentums. Man kann nicht umhin, diese Dialektik zu bewundern, die, ohne die Wirklichkeit des Lebens und die nicht minder wirkliche Evidenz des Todes zu negieren, beide durch die Auflösung versöhnt. Und sie versöhnt sie auf dem Höhepunkt des fleischlichen Aktes, in diesem blitzhaften Moment, der die stärkste Bejahung der Zeit und zugleich ihre Negation ist. Die Vereinigung ist wahrhaftig und wirklich die von *Saṁsarā* und *Nirvāṇa*, ist die völlige Übereinstimmung von Dasein und Leere, von Denken und Nichtdenken. *Maithuna:* zwei in einem, die Lotosblüte und der Blitz, die Vulva und der Phallus, die Vokale und die Konsonanten, die rechte und die linke Seite des Körpers, das dort oben und das hier unten.

Die Vereinigung der Körper und der gegensätzlichen Prinzipien ist zugleich die Verwirklichung des hermaphroditischen Archetyps. Die Reintegration in der Leere entspricht auf der individuellen psychologischen Ebene der Vereinigung der männlichen und weiblichen Komponenten in jedem von uns. Indem wir in der Leere aufgehen, verwirklichen wir uns auch physisch und psychisch: wir erlangen unsere weibliche oder, im Fall der Frau, unsere männliche Komponente zurück. Ein nur scheinbares Paradox: der Tantrismus geht von der Idee aus, die heute von Biologen und Psychologen anerkannt wird, daß es in jedem Mann etwas Weibliches gibt, wie auch umgekehrt. Anstatt das Weibliche im Mann und das Männliche in der Frau zu unterdrücken und abzugrenzen, trachtet der Tantrismus nach der Versöhnung der beiden Elemente. Ich weiß nicht, ob man bemerkt hat, daß die

Bildwerke der indischen Götter, ohne je etwas von ihrer Männlichkeit einzubüßen, eine gewisse, fast weibliche Sanftheit und Lieblichkeit ausstrahlen. Umgekehrt verhält es sich bei den Göttinnen: runde, volle Brüste, breite Hüften, schlanke Taille, und trotzdem strahlen sie alle die Würde, den Ernst und die Entschlossenheit des Mannes aus. Der Gegensatz zum christlichen Abendland ist hier besonders augenfällig. Ergebnisse unserer Unterdrückung des Weiblichen im Mann und des Männlichen in der Frau: einerseits das Gewoge von Kurven und Berge von Muskeln bei Rubens; andererseits die Dreiecke und Rechtecke des 20. Jahrhunderts.

Bei den Christen ist die körperliche Liebe profan und sogar sündhaft; der Tantrismus kennt nicht, was wir Liebe nennen, und seine Erotik ist sakramental. Der Protestantismus betont die Trennung zwischen dem Sakralen und dem Profanen, dem Erlaubten und dem Unerlaubten, dem Männlichen und dem Weiblichen; der Tantrismus trachtet nach der Absorption des Profanen durch das Sakrale, nach der Aufhebung des Unterschieds zwischen dem Erlaubten und dem Unerlaubten, nach der Verschmelzung des Männlichen und des Weiblichen. Der größte Gegensatz zeigt sich in den Funktionen der Ingestion und Dejektion. Bekanntlich ist die zentrale Norm beim tantrischen Sexualritus die Verhaltung des Samens, jedoch nicht aus moralischen Gründen und noch weniger aus hygienischen, sondern weil der ganze Akt auf die Transmutation des Samens und seine Verschmelzung mit der Leere abzielt. So entspricht im Tantrismus die wirkliche oder symbolische Ingestion des Exkrements der Verhaltung des Samens; im Protestantismus entspricht die wirkliche oder symbolische Zurückhaltung des Exkrements der schnellen Ejakulation. Die Samenverhaltung impliziert eine Erotisierung des ganzen Körpers, eine Rückkehr zu den kindlichen Spielen und Vergnügen, welche die Psychoanalyse polyform, prägenital und pervers nennt.[13] Die schnelle Ejakulation ist der Sieg der genitalen Erotik, die zerstörerisch und selbstzerstörerisch ist: Frigidität bei der Frau und unbefriedigte Lust beim Mann. Die Ejakulation ist unlösbar verbunden mit dem Tod; die Samenverhaltung ist die Rückkehr zu einem Zustand, welcher der Sexualität voraufgeht. Sieg des Todes oder Rückkehr zur undifferenzierten Sexualität der Kindheit: in beiden Fällen Egoismus, Angst oder Verachtung des Partners – oder der Partnerin. Die Trennung und die Verbindung verletzen das Lustprinzip, das Leben in seinem Kern.

Der Protestantismus übertreibt den christlichen Schrecken vor dem Körper. Dieser ist Ursprung und Grund unseres Verderbens, und es ziemt sich, ihn nicht zu erwähnen, außer es handelt sich um die objektive und neutrale Beschreibung der Wissenschaft. Für den Tantrismus ist der Körper das wirkliche Doppel des Universums, das seinerseits eine Manifestation des diamantenen unverweslichen Körpers Buddhas ist. Deshalb verlangt der Tantrismus eine symbolische Anatomie und Psychologie, auf die ich hier nicht näher eingehen kann. Ich möchte nur sagen, daß er den Körper als einen Mikrokosmos mit sechs sexuellen, nervlichen und psychischen Energiezentren versteht; diese Zentren *(cakras)* sind untereinander, von den Genitalien bis zum Hirn, durch zwei Kanäle *(rasanā* und *lalanā)* verbunden. Man darf jedoch nicht vergessen, daß es sich um eine symbolische Anatomie handelt: der menschliche Körper als Mandala verstanden, das als Me-

13 Das Adjektiv »pervers« ist im Denken Freuds ein seltsames Echo der jüdisch-christlichen Ethik.

ditationshilfe dient, und als Altar, auf dem ein Opfer dargebracht wird. Die beiden Energieströme entspringen im sakralen Plexus, an der Stelle des *liṅga* (Penis) und der *yoni* (Vulva). Der eine steigt auf der rechten Körperseite auf und polarisiert den männlichen Aspekt; der andere steigt auf der linken Körperseite auf und symbolisiert den weiblichen Aspekt. *Rasanā* wird identifiziert als (Mit-) Leiden *(karuṇā)* und als die Methode *(upāya)*; *lalanā* als die Leere *(shūnyatā)* und als die Weisheit *(prajñā)*. Die Reihe der Entsprechungen verzweigt sich derart, daß sie eine wahre semantische Konstellation bildet: *rasanā* (Zunge, Sprache) → *prāṇa* (Lebenshauch) → *vyañjana* (die Reihe der Konsonanten) → der Yamuna-Strom; *lalanā* (die libertine Frau) → *candra* (Mond) → *apāna* (das Ausatmen) → *svara* (die Reihe der Vokale) → die Mutter (der Ganges-Strom). Es fehlen weder die grobstofflichen Äquivalente noch die unvermittelten Verbindungen spiritueller Konzepte und sexueller Wirklichkeiten: *mahamāmsa* (Menschenfleisch) → *alija* (die mystischen Vokale); *vajra* (Blitz) → *liṅga* (Penis) → *upāya*. Zwei eher begriffliche Vorstellungen des Mahāyāna-Buddhismus, das Mitleid des Bodhisattva und die Bewegung des Denkens während der Meditation *(upāya)* erlangen so eine vorwiegend erotische Symbolik und werden Äquivalente von Phallus und Sperma; desgleichen evozieren *shūnyatā* (Leere) und *prajñā* (Weisheit) die weiblichen Sexualorgane.

Während des Koitus wird versucht, das weibliche Element mit dem männlichen zu verschmelzen, das heißt, die Dualität zu überwinden. Der Geschlechtsakt ist ein Homolog der Meditation und beide sind Homologe der Wirklichkeit, die in ein Dieses und ein Jenes gespalten, aber an sich nur reine Transparenz ist. Zwischen den beiden Adern, *lalanā* und *rasanā* verläuft eine dritte: *avad-*

hūtī. Als Verbindungs- und Schnittlinie ist sie ein Homolog der Yoginī, der asketisch-libertinen Frau, die »nicht mehr Subjekt noch Objekt ist«. Die Vereinigung der beiden Energieströme in der zentralen Ader bedeutet die Verwirklichung, die Vollendung. In einem Kommentar zu den Gedichten von Sahāra und Kānha heißt es: »Im Augenblick der Großen Lust entsteht der Gedanke der Erleuchtung, das heißt, wird der Same erzeugt.« Die Große Lust *(mahāsukha)* ist zugleich *sahaja:* der Naturzustand, die Rückkehr zum Nativen. Der sozusagen horizontalen Vereinigung der weiblichen und der männlichen Substanz entspricht eine vertikale: die Vereinigung des Samens *(shukra)* mit dem Gedanken der Erleuchtung *(bodhicitta)*. Die Transmutation wird wiederum durch die Vereinigung mit dem weiblichen Prinzip erreicht, in einem Augenblick, der der Höhepunkt oder die Verbindung aller Energien ist. Der auf diese Weise umgewandelte Samentropfen *(bindu)* steigt, anstatt vergossen zu werden, die Wirbelsäule auf, bis er in einer stillen Explosion zerbirst: er ist der Lotos, der auf der Höhe des Scheitels sich entfaltet. »Die Reflexion ist Vollendung«: der *bindu* ist *bodhicitta,* leeres Denken, Leere. Die Samenverhaltung ist ein alchemistisches und mystisches Verfahren: es handelt sich nicht darum, die Beziehung zwischen Körper und Seele aufrechtzuerhalten, sondern ersteren in die Leere aufzulösen. Die repressive Trennung im Protestantismus und die explosive Verbindung im Tantrismus entsprechen am Ende einander.

Der magischen Physiologie, die ich hier summarisch beschrieben habe, wird eine religiöse Geographie zur Seite gestellt: »Hier, im Körper, sind die heiligen Flüsse Yamuna und Ganges, hier sind Pragaya und Benares, die Sonne und der Mond. Auf meinen Pilgerfahrten habe ich viele Heiligtümer besucht, aber keines ist so heilig wie das meines Körpers.« (Dichtung von Sahāra.) Wenn der Körper Land ist, und heiliges Land, dann ist er auch Sprache – und symbolische Sprache: jedes Phonem und jede Silbe birgt ein Samenkorn *(bīja)*, das, indem es Klang wird, eine heilige Schwingung aussendet und einen verborgenen Sinn ausstrahlt. *Rasanā* stellt die Konsonanten dar und *lalanā* die Vokale. Die beiden Adern oder Kanäle des Körpers sind jetzt die männliche und die weibliche Seite der Rede ... Der Sprache kommt im Tantrismus als einem System verkörperter Metaphern eine zentrale Stellung zu. Ich habe auf diesen Seiten bereits vom Spiel der Echos, Entsprechungen und Äquivalenzen der verschlüsselten Sprache der Tantra *(sandhābhāsa)* gesprochen. Die alten Kommentatoren bezeichneten diesen erotisch metaphysischen Hermetismus als »zwielichtige Sprache«; die modernen nennen ihn, darin Mircea Eliade folgend, »intentionale Sprache«[14]. Jedoch sagen die Experten nicht, oder sie sagen es wie jemand, der sich dazu durchringen muß, daß diese Sprache ihrem Wesen nach poetisch ist und den gleichen Gesetzen wie das dichterische Schaffen gehorcht.

Die tantrischen Metaphern verfolgen nicht nur den Zweck, dem Unberufenen die wahre Bedeutung der Riten zu verbergen, sondern sie sind auch verbale Manifestationen der universalen Analogie, auf die die Dichtung sich gründet. Diese Texte gehorchen derselben psychologischen und künstlerischen Notwendigkeit, die unsere Barockdichter dazu führte, sich eine Sprache innerhalb der spanischen Sprache zu schaffen, eine Notwendigkeit, die sich auch belebend auf die Sprache von Joyce und die der

14 Mircea Eliade *Le Yoga, Inmortalité et Liberté*, Paris, 1954. Dt. *Yoga, Unsterblichkeit und Freiheit*, Zürich, 1960

Surrealisten auswirkte: die Vorstellung des Buches als ein Doppel des Kosmos. Wenn der Körper für Sahāra ein Kosmos ist, ist seine Dichtung ein Körper – und dieser verbale Körper ist *shūnyatā*. Das uns nächste und eindrucksvollste Beispiel ist das des *trobar clus* der provenzalischen Dichter. Der Hermetismus der provenzalischen Dichter ist ein verbaler Schleier; undurchsichtig für den Unverständigen und durchsichtig, die Nacktheit der Dame erkennen lassend, für denjenigen, der zu schauen versteht. Man muß im Geheimnis sein. Ich sage: in ihm *sein* und nicht, es *kennen*. Man muß teilhaben: den Schleier weben ist ein Akt der Liebe, und dieses Gewebe wieder auftrennen ist ebenfalls ein Akt der Liebe. Das gilt auch für die hermetische Sprache der Tantra: um sie wirklich zu entschlüsseln, genügt es nicht, den Schlüssel zu kennen – obgleich auch das wichtig ist –, sondern man muß in den Wald der Symbole eindringen, Symbol unter Symbolen sein. Die Dichtung und der Tantrismus ähneln sich darin, daß sie Praktiken, konkrete Erfahrungen sind.

Die Sprache des protestantischen Christentums ist kritisch und moralisch, sie ist eine Anleitung zur Meditation und eine Richtschnur des Handelns; die Sprache der Tantra ist ein Mikrokosmos, das verbale Doppel des Universums und des Körpers. Im Protestantismus gehorcht die Sprache den Gesetzen der rationalen und sittlichen Ökonomie, der einteilenden Gerechtigkeit; im Tantrismus ist das Grundprinzip die Verschwendung des Reichtums: Gabe, Opfergabe, Opfer, oder auch Üppigkeit, Güter, die zum Verbrauch oder zur Vergeudung bestimmt sind. Die »Produktivität« der tantrischen Sprache ist, würde ich sagen, imitativ-magischer Art: ihr Vorbild ist die Natur – nicht die Arbeit. Trennung zwischen Sprache und Wirklichkeit: die heiligen Schriften verstanden als eine Sammlung moralischer Gebote; Verbindung von Sprache und Wirklichkeit: die Schrift, die *gelebt* wird als der dem physischen Körper analoge Körper – und der Körper, der als Schrift *gelesen* wird.

Neben der »intentionalen Sprache« gibt es die magischen Formeln, die aus jenen Silben bestehen, die ich bereits weiter oben erwähnt habe, als ich von *rasanā* und *lalanā* als den symbolischen Rubren der Konsonanten und Vokale sprach. Diese Silben bilden noch keine Worte, und Bharati nennt sie, etwas ratlos, »Morpheme oder Fast-Morpheme«. Die Silben *(bījas)* verbinden sich miteinander und bilden so Lauteinheiten: *mantras*. Weder *bījas* noch *mantras* haben eine begriffliche Bedeutung; trotzdem sind sie äußerst reich an emotionalen, magischen und religiösen Bedeutungen. Für Bharati bilden die *mantras* den Kern des Tantrismus, sind seine Essenz als Ritus und als Praxis. Man könnte hinzufügen: sie sind der Kern aller indischen Religionen. Sie sind die andere Seite des Yoga, da sie gleich diesem nicht intellektuell, sondern praktisch und nicht-diskursiv sind. Das *mantra* ist ein Mittel, geradeso wie der Yoga, um diese oder jene Kräfte zu erlangen. Zugleich stellt die stille oder laute Rezitation des *mantra* zwischen dem Rezitierenden und dem Makrokosmos eine Beziehung her, ganz ähnlich den Atemübungen des Yogī. Aber das *mantra* ist vor allem ein rituelles Hilfsmittel oder »Werkzeug«, gleich ob es sich um gemeinschaftliche Riten handelt oder solche, die allein und im Stillen vollzogen werden. Darüber hinaus gibt es einen weiteren Aspekt, dem die Experten, wie mir scheint, nicht genügend Beachtung geschenkt haben: die *mantras* sind Kennungen, Lautzeichen, die der Identifizierung dienen. Jede Gottheit, jeder Guru, jeder Schüler, jeder Eingeweihte, jeder Begriff und jeder Moment des Ritus hat sein *mantra*. Der

Dichter Kānha hat das besser zum Ausdruck gebracht, als es diese umständliche Erklärung vermag: Die Silben *(bījas)* klingeln auf dem nackten Knöchel der Yoginī wie Fußreifen. Sie sind Klang-Atttribute.

Weder die christlichen Gebete und Litaneien noch die Abrakadabras oder andere magische Formeln sind das Äquivalent der *mantras*. Aber vielleicht ist es die Poesie, oder besser gesagt, eine ihrer Manifestationen: jene, die Alfonso Reyes einmal »jitanjáfora« nannte, die nichtbegriffliche Explosion der Silben, die Laute der Wonne, der Angst, der Ekstase, des Zorns, der Begierde. Eine Sprache jenseits der Sprache, wie in den Gedichten Schwitters, wie die barbarischen Interjektionen Artauds, die Schlangen- und Katzenlaute Michaux', die ekstatischen Vokale Huidobros ... Doch läßt mein Vergleich das Wesentliche außer acht, das, was die *mantras* von jedem dichterischen Ausdruck des Okzidents unterscheidet: die Inder erfinden diesen »Lautschmuck« nicht – der Guru gibt ihn an den Schüler weiter. Auch handelt es sich nicht um Gedichte: es sind verbale Amulette, sprachliche Talismane, Lautskapuliere ... Ich schließe: Gegenüber der verbalen Schlichtheit des protestantischen Christentums, dem Feind jeder Geheimschrift: die symbolische und hermetische Sprache; gegenüber dem neutralen und abstrakten Vokabular der Moral: die Genitalworte und die phonetischen und semantischen Verbindungen; gegenüber den Gebeten, den Predigten und der Ökonomie der rationalen Sprache: die *mantras* und ihr Geklingel. Eine Sprache, die zwischen Tat und Wort unterscheidet, und beim letzteren zudem zwischen dem Bezeichnenden und dem Bezeichneten; eine andere Sprache, welche die Unterscheidung zwischen Wort und Tat verwischt, die das Zeichen auf ein bloß Bezeichnendes beschränkt, die die

Bedeutungen vervielfacht und ändert, die sich als ein Spiel versteht, das identisch ist mit dem des Universums, in dem die rechte und die linke Seite, das Weibliche und das Männliche, die Fülle und die Leere ein und dasselbe sind – eine Sprache, die alles bedeutet und letzten Endes nichts bedeutet.

Das Wort *Prajñapāramitā* bezeichnet einen der Grundgedanken des Mahāyāna-Buddhismus. Es ist die »Höchste Weisheit« der Bodhisattvas, und derjenige, der sie erlangt hat, befindet sich bereits auf dem »anderen Ufer«, auf der anderen Seite der Wirklichkeit. Sie ist die letzte und uranfängliche Leere. Ende und Anfang der Weisheit, ist sie im buddhistischen Pantheon auch eine Gottheit. Die Bildwerke in Stein, Metall und Holz von Unserer Lieben Frau Prajñapāramitā sind ohne Zahl, und einige sind ob ihrer Schönheit unvergeßlich. Ich bekenne, daß die Verkörperung einer so abstrakten Idee wie die der Weisheit in der Leere im majestätischen weiblichen Körper mich immer in Bewunderung versetzt. Man muß unweigerlich an die Sophia der Orthodoxen Kirche denken. Als reine Idee und körperliches Bild ist Prajñapāramitā auch Erscheinung und Klang: sie ist eine aus Vokalen und Konsonanten bestehende »rote Lotosblume mit acht Blütenblättern, die aus der Silbe Ah hervorgeht . . .« Mehr noch: Klang und Farbe, auf seine Lichtschwingung reduziertes Wort, metaphysischer Gedanke und steinernes Bild in der Haltung wollüstiger Meditation, ist Prajñapāramitā zugleich eine wirkliche Frau: die Yoginī des Ritus. Diese Frau ist eine Eingeweihte, fast immer aus einer niederen Kaste oder aus einem unreinen Berufsstand: die *candali* oder die *ḍoṃbi* (Wäscherin). Kānha sagt in einem seiner Gesänge an die Leere: »Du bist die *candali* der Leidenschaft. Oh *ḍoṃbi*, niemand ist so zügellos wie du.« *Candali* bedeutet hier die

»mystische Wärme« der Tibetaner: die Vereinigung der Sonne und des Mondes, des Körpersaftes der Frau und des Spermas des Mannes, der Lotosblume der Vollkommenen Weisheit und des Blitzes des (Mit-)Leidens – geschmolzen und aufgelöst in einer Lohe. Die phänomenale Wirklichkeit ist identisch mit der essentiellen Wirklichkeit: beide sind Leere. *Samsāra* ist *Nirvāṇa*.[15]

Innerhalb des tantrischen Systems stehen der buddhistische und der hinduistische Zweig zueinander im Gegensatz, auch wenn dieser Gegensatz weniger groß ist als der zwischen dem orthodoxen und traditionellen Hinduismus und Buddhismus. Der erste große Unterschied: während im hinduistischen Tantrismus das aktive Prinzip das Weibliche *(Shakti)* ist, ist es im buddhistischen das Männliche (der diamantene Buddha, *Vajrasattava* und andere Gottheiten und Symbole). In den tibetanischen Darstellungen der rituellen sexuellen Vereinigung *(yab yum)* hat die männliche Gottheit einen schreckenerregenden, ja grausamen Aspekt, während seine Partnerin *(ḍākiṇī)* von zarter, wiewohl rundlicher Schönheit ist; in den hinduistischen Bildwerken ist die kraftvollste, oft ebenfalls schreckenerregende und grausame Darstellung des aktiven Prinzips die *Shakti*, der weibliche Pol der Wirklichkeit. Auf den ersten Blick widerspricht die hinduistische Auffassung den Vorstellungen von der Frau, die fast alle Gesellschaften gehabt haben. Doch sie entbehrt nicht der Logik:

15 Zu den Dichtungen von Kānha und Sahāra siehe *Les Chants mystiques de Kānha et Sahāra*, herausgegeben und übersetzt von M. Shabidullah, Paris, 1921. Vgl. auch die beiden Bücher von S. B. Dasgupta *An Introduction to Tantric Buddhism*, Kalkutta, 1958, und *Obscure Religious Cults*, Kalkutta, 1962. In *Buddhist Texts through the Ages*, London, 1954, einem Gemeinschaftswerk von Conze, Horner, Waley und Snellgrove, findet sich der Text der schönen Evokation von Prajñapāramitā und die Dichtung von Sahāra.

das Absolute (durch *Shiva* dargestellt) ist das im Traum seines endlosen Solipsismus versunkene Subjekt; das Erscheinen der *Shakti* ist die Geburt des Objekts (der Natur, der konkreten Welt), das das Subjekt aus seiner Lethargie weckt. Die Ikonographie stellt die *Shakti* dar, wie sie auf dem schlafenden Körper *Shivas* tanzt, der die Augen aufschlägt. Auch im Judaismus gibt es zahlreiche virile und heldenhafte Frauen, und unser aller Mutter Eva weckt Adam aus seinem paradiesischen Schlaf und nötigt ihn, sich der wirklichen Welt zu stellen: der Arbeit, der Geschichte und dem Tod. Auch in der biblischen Geschichte entspringt die Frau der Seite des schlafenden Mannes, so wie die *Shakti* dem Traum *Shivas*, und auch sie weckt ihren Gefährten. Eva und *Shakti* sind Natur, Objekt-Welt. Meine Interpretation mag an den Haaren herbeigezogen erscheinen. Sie ist es nicht, und wenn sie es wäre, wäre es nicht von Bedeutung: es gibt einen anderen, gewichtigeren Grund, der, wie ich gleich zeigen werde, die scheinbare Eigenart des Shaktismus erklärt.

Der Grund, daß man der *Shakti* Werte wie Aktivität und Energie beimißt, die für ausgesprochen männlich gelten – obgleich sie es, wie wir gesehen haben, in Wirklichkeit nicht sind, wenigstens nicht ausschließlich –, ist formaler Art. Er hat mit dem zu tun, was man das Gesetz der Symmetrie oder der Entsprechung zwischen den Symbolen nennen könnte: die Stellung eines Symbols oder einer symbolisierten Idee bestimmt die Stellung des antithetischen Symbols. Im Buddhismus ist das aktive Prinzip männlich *(upāya)*, aber der Vollzug des Ritus – die Aufhebung der Dualität – besitzt eine entschieden weibliche Note. Die beiden zentralen metaphysischen Begriffe, *shūnyatā* und *prajñapāramitā*, werden als weiblich aufgefaßt. Zwar impliziert die Aufhebung der Dualität das Verschwinden des weiblichen und des männlichen Pols, doch hat diese Auflösung im Buddhismus ein weibliches Vorzeichen. Es kann in Anbetracht der Stellung der Symbole gar nicht anders sein. Von Anfang an affirmierte der Buddhismus, daß das Höchste Gut *(nirvāṇa)* identisch ist mit dem Versiegen des Lebensstroms und, in seiner höchsten Form, mit der Leere. Ebenfalls von Anfang an wurde im Mahāyanā-Buddhismus die Leere durch die runde Null, das Bild der Frau, dargestellt. Für den Hindu ist die höchste Seligkeit die Vereinigung mit dem Sein, mit dem Nicht-Dualen, der Eins. Die Betonung liegt auf dem Männlichen: die aufrechte Eins ist phallisch, ist das starre, ekstatische, von sich selbst strotzende *liṅga*. Der Buddhist versteht das Absolute als Objekt und bringt es so in Übereinstimmung mit dem weiblichen Pol der Wirklichkeit; der Hindu denkt es als Subjekt und verbindet es mit dem männlichen Pol. Diese Auffassungen finden ihren knappsten Ausdruck in zwei sakralen Formen: im Stupa und im Liṅga – der Null und der Eins. Indes kann die Aktivität, um zur (männlichen) Eins zu gelangen, nur weiblich *(Shakti)* sein. Aber da Aktivität dem Wesen nach männlich ist, wird die *Shakti* nicht nur Weiblichkeit in der Fülle ihrer Form ausdrücken müssen – runde Brüste, schlanke Taille, breite Hüften –, sondern diese vollblütige Weiblichkeit muß von sich aus Männlichkeit ausstrahlen. Die gleiche symbolische Symmetrie erklärt die Weiblichkeit der Buddhas und Bodhisattvas: sie sind das männliche und aktive Prinzip, das die Passivität errungen und assimiliert hat. *Shūnyatā* entspricht *upāya*; *Shiva* entspricht *Shakti*. Das Spiel der Entsprechungen umfaßt das ganze System. Wenn wir die Zahl Null der Weiblichkeit zuordnen, sei diese aktiv oder passiv, und die Zahl Eins der Männlichkeit, sei diese ebenfalls passiv oder aktiv, ist das Resultat das folgende: im Buddhismus 1 (aktiv) → 0 (passiv); im Hinduismus 0 (aktiv) → 1 (passiv). Unter dem Gesichtspunkt ihres jeweiligen Strebens nach ewiger Seligkeit ist der Gegensatz zwischen dem buddhistischen und dem hinduistischen Tantrismus 0 (passiv)/1 (passiv). Die Mittel, dieses Ziel zu erreichen, weisen das gleiche Gegensatzverhältnis auf: 1 (aktiv)/0 (aktiv). Die umgekehrte Symmetrie, die jede dieser Richtungen bestimmt, zeigt sich wiederum in den Beziehungen zwischen ihnen. Sie ist die Logik des Systems und sicher auch die Logik aller symbolischen Systeme.

Der andere Gegensatz ist nicht minder radikal und betrifft das, was zusammen mit der Polarität zwischen dem Weiblichen und dem Männlichen den Kern des Tantrismus ausmacht: die Haltung gegenüber dem Samenerguß. Im Unterschied zum tantrischen Buddhismus gibt es im hinduistischen keine Samenverhaltung. Trotz der zahlreichen Studien, die man seit mehr als fünfundzwanzig Jahren diesem Thema gewidmet hat, war Agehananda Bharati der erste, der in einem kürzlich erschienenen Werk (*The Tantric Tradition,* 1965) auf diese verblüffende Tatsache aufmerksam gemacht hat. Er war auch der erste und, soviel ich weiß, der einzige, der dieses Gegensatzverhältnis systematisch behandelt hat. Die Verschwendung des Spermas kommt einem rituellen Opfer gleich, wie aus der folgenden Passage eines tantrischen Textes *(Vāmamārga)* klar hervorgeht: »Ohne aufzuhören, im Geiste sein *mantra* zu rezitieren, ergießt der Eingeweihte seinen Samen unter dieser Anrufung: *Om* mit Licht und Äther (so als wären sie) meine beiden Hände. Ich, der Jubelnde . . . Ich, der ich *dharma* und *nicht-dharma* als die Mundgaben verzehrt habe, bringe dieses Opfer voller Liebe im Feuer . . .« Wie mir scheint, bezeichnen *dharma* und *nicht-*

dharma hier das vom orthodoxen Hinduismus Erlaubte und Verbotene. Das »Feuer«, als der weibliche Körper identifiziert, deutet auf eines der ältesten Rituale Indiens hin: das Feueropfer. Die altindische Tradition wird durch die hinduistisch-tantrische Zeremonie wiederverkörpert und aktualisiert. Bekanntlich gründete sich die vedische Religion auf die Idee des Ritualopfers. Wie Bharati scharfsinnig bemerkt, war und ist dieses Ritualopfer, seit der vedischen Zeit bis heute, Hauptbestandteil der hinduistischen Religion. Dagegen stellte sich der Buddhismus als eine Kritik des brahmanischen Ritualismus und seiner übertriebenen Vorliebe für das Opfer dar. Im Laufe seiner Geschichte hat er zwar Rituale geschaffen, die mit denen des Hinduismus rivalisieren, doch steht in ihnen die Idee des Opfers nicht im Mittelpunkt. Der Buddhismus legt den Akzent auf die Entsagung der Welt; der Hinduismus versteht die Welt als einen Ritus, dessen Mittelpunkt das Opfer ist. Askese und Ritual: Samenverhaltung und Opferung des Spermas.

Die umgekehrte Symmetrie, welche die Polarität weiblich/männlich, aktiv/passiv, Leere/Sein bestimmt, wiederholt sich in der Haltung gegenüber der Ejakulation, nur manifestiert sie sich hier in der Form Verhaltung/Erguß, Entsagung/Opfer, Verinnerlichung/Veräußerlichung. Der Prozeß ist der gleiche: Verhaltung des Samens = Auflösung des Subjekts in die Leere (ins Objekt); Opferung des Samens = Vereinigung des Objekts mit dem Sein (dem Subjekt). In dieser Dialektik finden wir die gleichen Affirmationen und Negationen, die den Buddhismus und den Hinduismus definieren: Verneinung der Seele und des Ich, Bejahung des Seins *(ātman)*; ein Monismus ohne Subjekt und ein Monismus, der das Ganze auf das Subjekt reduziert . . . Obgleich der Gegensatz zwischen dem protestantischen Christentum und dem Tantrismus anderer Art ist, nimmt auch er diese Form der umgekehrten Symmetrie an. Die Beziehung zeigt sich am deutlichsten bei den grundlegenden physiologischen Funktionen der Ingestion und Dejektion der beiden Substanzen und ihrer Symbole: des Exkrements und des Samens. Der symbolischen Verhaltung des Exkrements im protestantischen Christentum entspricht, im umgekehrten und entgegengesetzten Sinne, ihre ebenfalls symbolische Ingestion im hinduistischen und buddhistischen Tantrismus (unreine Nahrung). Hinsichtlich des Samenergusses ist der Tantrismus eher unproduktiv und von Grund auf religiös: Verhaltung und Erguß sind Homologe, erstere der Auflösung in die äußerste Leere und letztere der Vereinigung mit der Fülle des Seins; im Protestantismus ist die Bedeutung produktiv und moralisch: die Zeugung von Kindern. Im Tantrismus ist die sexuelle Vereinigung eine religiöse Verletzung der Moralgesetze: im Protestantismus ist sie eine legitime Praxis (falls man den Geschlechtsakt mit der Gattin vollzieht), um das religiöse biblische Gebot zu erfüllen. Zerstörung der Moral durch die Religion; Verwandlung der Religion in Moral. Das Sperma verwandelt sich im Tantrismus in heilige Substanz, die letztlich immateriell ist, sei es, weil sie vom Opferfeuer verzehrt wird oder weil sie sich in den »Gedanken der Erleuchtung« verwandelt. Im Protestantismus zeugt der Same Kinder, schafft Familie: er ist ein soziales Moment und wirkt auf die Welt ein.

Der Protestantismus forderte die freie Auslegung der heiligen Schriften, und daher war eines der ersten Probleme, dem er sich konfrontiert sah, das Rätsel der Bedeutung des heiligen Textes: Was wollen die Paradoxe des Evangeliums und die oft unmoralischen Geschichten und

Mythen der Bibel eigentlich sagen? Die protestantische Interpretation ist eine moralische und rationale Kritik der mythischen Sprache. Auch der Tantrismus billigt die Freiheit der Interpretation, nur ist seine Exegese symbolisch: sie verwandelt die Metaphysik des Mahāyāna-Buddhismus in eine körperliche Analogie und geht so von der Kritik zum Mythos über. Die protestantische Sprache ist eindeutig: die der Tantra ist »die zwielichtige Sprache«: eine Sprache, in der, wie wir gesehen haben, jedes Wort vier oder fünf Bedeutungen zugleich hat. Trennung zwischen Mythos und Moral; Verschmelzung von Moral und Metaphysik zu einer mythischen Sprache. Der Protestantismus beschränkt das Ritual auf ein Minimum; der Tantrismus ist in erster Linie Ritual. In einer besonders scharfsinnigen Studie hat Raimundo Panikar aufgezeigt, daß das Christentum vor allem eine *Orthodoxie* ist und der Hinduismus eine *Orthopraxie*. Wenn diese Unterscheidung für den Hīnayāna-Buddhismus vielleicht nicht ganz zutrifft, so doch für den Mahāyāna-Buddhismus. Der Protestantismus und der tantrische Buddhismus übertreiben die Tendenz ihrer jeweiligen religiösen Tradition: Kritik der Schriften und der Orthodoxie beim ersteren und Ritualisierung der Ideen beim letzteren. Sorge um die Glaubensanschauungen und Obsession für die Praktiken; eindeutige Sprache und öffentliche Diskussion, bildliche Sprache und heimliche Zeremonien. Der Tantrismus ist esoterisch, und die Lehre wird im Geheimen vermittelt; der Protestantismus verbreitet sich in der Öffentlichkeit, durch das Beispiel und die Predigt für alle. Verborgene, in sich geschlossene Sekten; offene Sekten, die im hellen Licht des Tages leben.

Die Negierung des Körpers und der Welt führt zu utilitärer Moral und gesellschaftlichem Handeln; die Absorption des Körpers in der Leere gipfelt im Kult der Verschwendung und in asozialem Handeln. Überbetonung des Ökonomischen und des Nützlichen; Gleichgültigkeit gegenüber dem Fortschritt und Aufhebung der gesellschaftlichen und moralischen Unterschiede. Einsame Gewissenserforschung, Aufrechnung des Sündhaften gegen das Tugendhafte, stilles Gespräch mit einem furchterweckenden und gerechten Gott: die Welt als Prozeß, Gericht und Urteil. Das Böse und das Gute, das Nützliche und das Schädliche sind wie das Sein und das Nicht-Sein leere Worte, Illusionen: der Yogi ist der freie Mensch, der die dualistische Täuschung hinter sich gelassen hat. Das Tribunal des Gewissens; das erotische Spiel des Kosmos im Bewußtsein. Pessimismus, Moralismus und Utilitarismus. Pessimismus, Amoralismus und nicht-produktive Kontemplation. Organisiertes Gesellschaftsleben: der Pastor heiratet, steht einer Familie vor, und seine Kirche ist der Mittelpunkt der Gemeinde; mystisches individuelles Leben: der Adept ist ledig, hat keinen Hausstand und lebt am Rande der Gesellschaft. Der Pastor und der umherziehende Asket: der eine, glattrasiert und schwarzgewandet, ist auf das Wohl der Menschheit bedacht; der andere, mit wirrem Haar, den nackten Körper mit Asche bedeckt, tanzt und singt in den Tempeln mystische und obszöne Lieder. Der Protestant lebt im Zwiespalt des Gegensatzes zwischen Prädestination und Moral; der indische Mönch ist ein wandelndes Paradox. Verhaltung und Verwandlung des Exkrements in ökonomisches Zeichen; Samenerguß, um Kinder zu zeugen. Absorption des Exkrements und Negierung des Geldwesens; Samenverhaltung, um die Erleuchtung zu erlangen. Tod durch Trennung von Gesicht und Geschlecht: moralische Aggressivität und schließlich Starrheit. Tod durch Verbindung von Geschlecht und Gesicht: Autophagie und schließlich Auflösung. Gegensätzliche und profane Gestalten der beiden Richtungen: der Bankier und der Bettler.

IV. ORDNUNG UND ZUFALL

Sexualalchemie und erotische Courtoisie[1]

Der Sinologe R. H. Van Gulik, dem wir mehrere hervorragende Bücher verdanken – darunter die spannende und verwickelte Detektivgeschichte: *Dee Goong An* –, veröffentlichte kurz vor seinem Tode ein monumentales und grundlegendes Werk über das Sexualleben im alten China.[2] Gestützt auf seine Vertrautheit mit den Kulturen des Ostens, stellt der holländische Gelehrte und Diplomat eine neue Hypothese über den Ursprung des Tantrismus auf: die zentrale Idee – das Zurückhalten des Samens und seine Umwandlung – geht auf den Taoismus zurück. Van Gulik liefert dafür schlagende Beweise. Es ist hier nicht der Ort, sie zu diskutieren, auch berechtigt mich meine höchst begrenzte Kompetenz nicht, in die Debatte einzugreifen. Ich möchte lediglich darauf aufmerksam machen, daß in einigen tantrischen Hindu-Texten *Cīna* (China) und *Mahācīna* (Die Mongolei? Tibet?) als die gelobten Länder der sexuellen Meditationspraktiken erwähnt werden. Bharati führt ein kurioses Detail an: ein Schamhaar der *Shakti*, nach dem rituellen Beischlaf ausgerissen und noch feucht vom Samen, das man *Shiva* darbringt, heißt *mahācīna sādhanā*. Andererseits darf man nicht vergessen,

1 Dieses Kapitel erschien bereits in Octavio Paz: *Essays 1*, Frankfurt, 1979, pp. 91-105.

2 *Sexual Life in Ancient China,* Leiden, 1961. Das Buch umfaßt einen größeren Zeitabschnitt als den im Titel genannten, da es im 17. Jahrhundert mit der Ming-Dynastie endet. Eine Bemerkung am Rande: Van Gulik übersetzt die anstößigen Passagen der chinesischen Texte ins Lateinische, als wäre die Kenntnis dieser Sprache ein Zeugnis von Moralität. Snellgrove unterläßt es, einige Fragmente, zum Glück sehr wenige, aus dem *Tantra Hevajra*, die er für besonders eschatologisch hält, zu übersetzen. Letzteres ist bedenklicher: fast alle können wir uns mehr oder weniger auf Lateinisch verständigen, nicht auf Tibetanisch.

daß die Texte, auf die ich mich beziehe, insofern jüngeren Datums sind, als der *Vajrayāṇa*-Buddhismus mindestens bis auf das 6. Jahrhundert nach Christus zurückgeht. Aber vielleicht ist die Lösung des Problems abhängig von der eines anderen, wichtigeren: dem Ursprung des Yoga. Ist er präarisch und autochthon in Indien, was heute die meisten Fachgelehrten annehmen, oder kommt er aus Zentralasien (Schamanismus), wie andere meinen? Das Vorhandensein von Yoga-Elementen im frühen Taoismus, worauf als erster Maspéro aufmerksam gemacht hat, bringt uns in noch größere Verlegenheit. Der Ursprung des Yoga ist so dunkel wie der der Idee der Seele bei den Griechen. Immerhin ist eines unzweifelhaft: die frühe und allgemeine Verbreitung des Glaubens, daß der Samen eine lebensspendende Substanz sei. Diese Idee, in allen Gesellschaften zu finden, führte zu einer anderen, die ebenfalls allgemein verbreitet ist: die Samenverhaltung sei Lebensökonomie, Hortung von Leben. Keuschheit als Rezept für Unsterblichkeit. Ich behalte mir vor, auf dieses Thema zurückzukommen, vorderhand möchte ich nur darauf aufmerksam machen, daß die chinesischen alchemistischen Texte und die kuriosen »Bücher vom Bett« mit den indischen Tantras mehr als nur eine Ähnlichkeit haben. Diese Ähnlichkeiten sind kein Zufall, sondern sie verraten ganz bestimmte Einflüsse, sei es, daß es sich um eine Anleihe Indiens bei China handelt oder daß, wie Van Gulik meint, der Austausch komplizierter war: zuerst chinesischer Einfluß in Indien; dann Wiederverarbeitung innerhalb des indischen religiösen Kontextes; schließlich Rückkehr nach China. Von der Annahme der Beziehung zwischen den chinesischen und indischen Texten ausgehend, möchte ich versuchen, innerhalb der Perspektive dieser Reflexionen, ihre Unterschiede hervortreten zu lassen. Sie erscheinen mir bezeichnender als die Ähnlichkeiten.

Die chinesische Erotik ist so alt wie die vier legendären Kaiser. Die Erotologie, in der fachlichen Bedeutung des Terminus, ist ebenfalls sehr alt und überschneidet sich einerseits mit der Alchemie, andererseits mit der Medizin. Van Gulik erwähnt sechs »Bücher vom Bett« aus der Han-Zeit, die dank dem Glaubenseifer der Neukonfuzianer und der Prüderie der Mandschudynastie allesamt verschollen sind. Dagegen sind uns Texte der Sui-, Tang- und Mingdynastie überliefert. Die Sammelbezeichnung dieser kleinen Werke war *Fang-nei* (wörtlich: »im Bett«) und *Fang-shi* (»die Sache mit dem Bett«). Es waren überaus beliebte Bücher. Reich illustriert, waren sie so etwas wie Handbücher für den täglichen Gebrauch, insbesondere bei den jung Verheirateten, aber auch bei den Ledigen beiderlei Geschlechts. Die literarische Form ist die Didaktik par excellence, wie die unserer Katechismen: das System von Frage und Antwort. Im allgemeinen sind die Personen des Dialogs der mythische Gelbe Kaiser und ein Mädchen, das ihn in die sexuellen Geheimnisse einführt. Die Gesprächspartnerin heißt manchmal Su-nü, das Einfache Mädchen; andere Male Hsüan-nü, das Dunkeläugige Mädchen; und gelegentlich Ts'ai-nü, das Auserwählte Mädchen. Obgleich die Bücher eher taoistisch als konfuzianisch beeinflußt sind, hatten die Anhänger des Konfuzius gegen ihre Verbreitung nicht viel einzuwenden. Um den Charakter dieser Texte zu verstehen, muß man sich die allgemeine chinesische Grundauffassung über die Gesellschaft, die Natur und den Sexus vor Augen halten. Das Prinzip ist für Konfuzianer und Taoisten das gleiche: der Archetyp des menschlichen Gesetzes ist das kosmische Gesetz. Die Natur und ihre Veränderungen *(T'ien-tao)*, die Dualität Licht und

Schatten, Himmel und Erde, Drache und Tiger, ist die Grundlage des *I Ging (Buch der Wandlungen)* ebenso wie der Moral und Politik von Konfuzius, der Spekulationen von Lao-tse und Tschuang-tse und der Elaborate der *Yang* und *Yin*-Schule. Nicht weniger wichtig ist die alte Idee, daß der Mann Samen in begrenzter Menge erzeugt, während die Frau *ch'i*, Lebenssaft, in unbegrenzter Menge erzeugt. Daher muß der Mann das *ch'i* zu sich nehmen und seinen Samen so lange wie möglich behalten. Das ist der im Gegensatz zu Indien völlig pragmatische Ursprung der Samenverhaltung. In den Lehrbüchern vom Bett werden minuziös die Methoden aufgeführt und beschrieben, wie man den Samen zurückhält und in Lebensprinzip verwandelt. Desgleichen werden die für die Empfängnis günstigen Tage angegeben, im allgemeinen die auf die Menstruation folgende Woche.

Die Unsterblichkeit ist, genaugenommen, kein konfuzianischer Begriff. Fan Hsüan Tzu fragt Mu-shu: »Die Ahnen sagten: tot, aber unsterblich. Was wollten sie damit sagen?« Mu-shu antwortet: »In Lu lebte ein alter Würdenträger namens Tsang-Wen-chung. Nach seinem Tode dauerten seine Worte fort. Das ist die Bedeutung des alten Sprichworts. Ich habe gehört, daß es das beste ist, auf die Tugend (die Prinzipien) zu bauen, dann auf das Handeln (das Vorbild) und schließlich auf die Worte (die Lehre). Das ist es, was wir Unsterblichkeit nennen können. Was die Bewahrung des Familiennamens und die Fortsetzung der Opfer für die Ahnen betrifft: keine (zivilisierte) Gesellschaft kann diese Praktiken ignorieren. Sie sind lobenswert, doch sie machen nicht unsterblich.«[3] Trotzdem be-

3 *Tso chuan* (Tso's Kommentare zu den *Annalen vom Herbst und Frühling)* in *A Source Book in Chinese Philosophy*. Zusammenstellung und Übersetzung von Wing-tsit Chan, Princeton University Press, 1963

deutet der Fortbestand der Familie, der Gesellschaft und des Staates für Konfuzius und seine Schüler eine Art soziale und biologische Unsterblichkeit. Der Mensch ist die Gesellschaft, und die Gesellschaft ist die Natur: eine biologische, historische und kosmische Kontinuität. Aus diesem Grunde kam den »Büchern vom Bett« nur subsidiärer Wert zu: als sexuelle Verhaltensregeln, die das vorzeitige Altern verhindern, die männliche Vitalität bewahren und einen fruchtbringenden Koitus garantieren sollen. Die Erotologie als ein Zweig der Familienmoral und, im weiteren Sinne, der »rechten Regierung«. Man muß hinzufügen, daß die Ratschläge der Lehrbücher wirklich sehr nützlich waren, wenn man bedenkt, daß die chinesische Familie polygam war; im Grunde war das, was diese Bücher predigten, eine vernünftige Kontrolle der männlichen Sexualität. Aus der gleichen Besorgnis um die Stabilität und Heiligkeit der Familie entstand der Argwohn der Konfuzianer, der sich später in Feindschaft verwandeln sollte. Die Bücher der Erotologie waren nicht nur Lehrbücher der Hygiene: Handbücher der Sinnenlust, Enzyklopädien kleiner oder großer Perversionen, Apologien der Prachtentfaltung und, was schlimmer war, der Ausschweifungen. Gierig gelesen, und nicht nur von den Männern, sondern auch von den Frauen, störten sie die natürliche Harmonie der Beziehungen zwischen den Geschlechtern, das heißt, untergruben sie die untergeordnete Stellung der Frau.

Der Taoismus stellte sich von Anfang an als eine Kunst oder eine Methode dar, zugleich mit einer glücklichen Harmonie mit dem Kosmos Unsterblichkeit oder wenigstens Langlebigkeit zu erlangen. Daß er wesentlich eine Methode und subsidiär eine Philosophie ist, macht ihn dem Yoga ähnlich. Die Ähnlichkeit erweist sich als noch größer, wenn man darauf aufmerksam macht, daß sowohl die Adepten des Taoismus als auch die des Yoga bestimmte körperliche Techniken anwandten, um »das Lebensprinzip zu stärken«, und daß die Atemübungen dabei die größte Rolle spielten. Von den taoistischen Praktiken, deren Zweck es war, die Unsterblichkeit zu erlangen, waren die wichtigsten ohne Zweifel diejenigen, die sich auf das Zurückhalten des Spermas bezogen. Ich habe schon die frühe und allgemeine Verbreitung der Identifikation des Samens mit den Lebenskräften erwähnt. Diese Ansicht kann obsessiv werden: im heutigen Indien glaubt die Allgemeinheit, daß jeder Verlust von Samen, durch Begattung oder Erguß, das Leben verkürzt. Es ist kein Geheimnis, daß viele Abendländer, sei es unbewußt, dieselbe Befürchtung haben. Indem man im Altertum aus dem Samen das Homolog des Lebensprinzips machte, vergöttlichte man ihn: er war Geist, göttliche und schöpferische Kraft. Dieser Glaube trug in großem Maße zur Entstehung und Entwicklung der Askese bei: die Keuschheit war nicht nur ein Verhalten, um Leben zu horten, sondern auch eine Methode, um das Sperma in Geist und schöpferische Kraft zu verwandeln. Ist es nicht ebendas, was uns die Mythen von der Geburt der Aphrodite und der Minerva sagen? Doch die Samenverhaltung konnte für die Anhänger des Taoismus nur die Hälfte des Verfahrens sein: die andere Hälfte bestand in der Aneignung des weiblichen *chi'i*, das als die reinste Manifestation der Essenz des Yin betrachtet wurde: *Essenz* mehr im materiellen als im philosophischen Sinne, mehr Flüssigkeit als Idee. Von Anfang an faßte die chinesische Kultur den Kosmos als ein System auf, das aus dem dualen Rhythmus – Vereinigung, Trennung, Vereinigung – zweier Mächte oder Kräfte besteht: der Himmel und die Erde, das Männliche und das Weibliche, das Aktive und das Passive, Yang und Yin. Das

Yin *(ch'i)* assimilieren und es mit dem Yang (nicht vergossener Samen) verbinden bedeutet soviel, wie sich selbst in einen Kosmos gleich dem äußeren zu verwandeln, der regiert wird von der rhythmischen Umarmung der zwei Lebensprinzipien.

Wie der Tantrismus, und aus den gleichen rituellen und poetischen Gründen, ersann der Taoismus ein Chiffresystem von Ausdrücken und Symbolen. Der englische Kritiker Philip Rawson bezeichnet es als eine »sexuelle Kryptographie«.[4] Der Unterschied zum Tantrismus ist meiner Meinung nach der folgende: die tantrischen Symbole und Ausdrücke sind sinnfällige Begriffe und entsprechen trennscharfen Distinktionen philosophischer Art, während die taoistischen Bilder fließend und der poetischen Imagination näher sind als dem rationalen Diskurs. Der Taoismus wird nicht von einer intellektuellen Dialektik, sondern von dem Gesetz der Bildassoziationen regiert: eine poetische baumähnliche Verzweigung. In dem einen Fall werden der menschliche Körper und der Kosmos aufgefaßt als eine Geometrie von Begriffen, eine räumliche Logik; in dem anderen als ein System von Metaphern und visuellen Bildern, ein Gewebe von Anspielungen, das sich fortwährend auflöst und neu bildet. Der Schutzpatron der Langlebigkeit in der taoistischen Heiligenlegende ist Shou Lou: diese Person erscheint auf Gemälden und Stichen als strahlender Hundertjähriger mit riesigem Kopf – »angefüllt mit Samen«, betont Rawson –, der in der Rechten einen Pfirsich (Bild der Vulva) hält, wobei der Zeigefinger in den Spalt der Frucht drückt. Beim Tantrismus haben wir es mit präzisen Symbolen zu tun; beim Taoismus mit allusiven und ausweichenden Bildern. Die

4 *Erotic Art of the East* von Philip Rawson, Einleitung von Alex Comfort, New York, 1968

Kette der Assoziationen, von den natürlichen Formen angeregt, ist lang und suggestiv: klaffender Granatapfel → Pfingstrose → Muschel → Lotos → Vulva. Der Tau, der Nebel, die Wolken und andere Dämpfe werden mit dem weiblichen Fluidum assoziiert, ebenso wie bestimmte Pilzsorten. Das nämliche geschieht mit den männlichen Attributen: Vogel, Blitz, Hirsch, Jade-Baum. Das Bild des menschlichen Körpers als Doppel des kosmischen Körpers taucht wiederholt in Gedichten, Essays und Gemälden auf. Ein chinesisches Landschaftsbild ist keine realistische Darstellung, sondern eine Metapher der kosmischen Wirklichkeit: Berg und Tal, Wasserfall und Schlucht sind Mann und Frau, Yang und Yin, vereint oder getrennt. Die »Große Arznei der Drei Gipfel« ist im Körper der Frau zu finden und besteht aus drei Säften oder Essenzen: die eine kommt aus dem Munde der Frau, die andere aus ihren Brüsten und die dritte, die stärkste, aus der »Höhle des Weißen Tigers«, die sich am Fuße des »Gipfels des purpurfarbenen Pilzes« (Venusberg) befindet. Diese halb poetischen, halb heilkundlichen Metaphern erklären, sagt Rawson, die Beliebtheit des Cunnilingus bei den Chinesen: »Diese Praktik war eine ausgezeichnete Methode, um die kostbare weibliche Flüssigkeit in sich aufzunehmen.« Die tantrische Körpergeographie spielt auf die Stätten der Religion an, sie ist ein Führer für die Wallfahrt der Frommen: die heiligen Flüsse wie der Ganges und der Yamuna, die heiligen Städte wie Benares und Bodhigaya. In China ist der Körper eine Allegorie der Natur: Bäche, Schluchten, Gipfel, Wolken, Höhlen, Früchte, Vögel.

Es ist verständlich, daß die Methoden der Samenverhaltung und der Aneignung des weiblichen *ch'i* von der Alchemie und den Meditationsübungen nicht zu trennen waren. Van Gulik erwähnt mehrere alchemistische Texte, in denen die Wirkungen und Umwandlungen der Stoffe mit der geschlechtlichen Vereinigung verglichen werden. Einer von ihnen, mit dem Titel »Der Pakt der dreifachen Gleichung«, gründet sich auf eine universelle Analogie: die Verwandlung von Zinnober in Quecksilber, die des Samens während des *coitus reservatus* in Lebensprinzip und die Umwandlung verschiedener Elemente entsprechend den Kombinationen der Hexagramme des *I Ging*. Das Prinzip des »zwei in einem« – in umgekehrter Symmetrie zu dem »eins in zweien« des androgynen Archetyps – inspiriert ebenso die Alchemie wie die mystische Erotik in allen Kulturen. Begreift man den Körper als das analogische Doppel des Makrokosmos, so schlägt die Alchemie eine Brücke zwischen beiden. Selbst ein Dichter, bei dem keine besondere Neigung zum taoistischen Mystizismus zu erkennen war, Po Chü-i, schrieb ein Gedicht über die alchemistischen Umarmungen des grünen Drachens (der Mann) und des weißen Tigers (die Frau). Schließlich mache ich darauf aufmerksam, daß der Taoismus in seinen extremen Formen auch die öffentliche sexuelle Vereinigung nach Art des Tantrismus kannte und praktizierte. Nicht aus Libertinage – obgleich auch diese asketisch ist –, sondern um sich das Lebensprinzip anzueignen und so die Unsterblichkeit oder wenigstens die Langlebigkeit zu erlangen. Eine der dramatischsten Episoden der alten chinesischen Geschichte ist der Volksaufstand, der die »Rebellion der Gelben Turbane« genannt wird. Der Name bezieht sich auf eine taoistische Sekte, der es zu Ende der Han-Zeit gelang, in einem großen Teil Chinas eine Art militanten und religiösen Kommunismus zu organisieren. Obgleich wir nur die Zeugnisse der Feinde der Gelben Turbane kennen, scheint es unzweifelhaft, daß die Bewegung die begeisterte Zustimmung des Volkes und bestimmter der »Intelligenz« zugehöriger Gruppen erlangte. Auch ist nicht daran zu zweifeln, daß die Rebellen Anhänger des taoistischen Sexualmystizismus waren und die kollektiven Kopulationsriten praktizierten. Der Ritus hat sich, halb im Verborgenen, bis heute erhalten. 1950 hob die Regierung der Volksrepublik China eine Sekte *(I-kuan-tao)* aus, deren Anhänger noch die alten Sexualzeremonien des magischen Taoismus praktizierten.

Die indische Erotik hat nichts dergleichen zu bieten. Für die Inder sind die drei menschlichen Haupttätigkeiten das Vergnügen *(kāma)*, die Teilnahme *(artha)* und das geistige und moralische Leben *(dharma)*. Die Erotik gehört zur ersteren. Wie im Falle der chinesischen Lehrbücher, ist das Hauptbuch, das berühmte *Kāmasūtra,* nicht der Anfang, sondern die Fortsetzung und der Höhepunkt einer sehr alten Tradition. Obgleich sein technischer Inhalt dem der chinesischen Texte ähnlich ist – Positionen, Aphrodisiaka, magische Rezepte, Liste der anatomischen und charakterlichen Verträglichkeiten und Unverträglichkeiten –, sind die Unterschiede unverkennbar. Erstens ist es kein Lehrbuch ehelicher sexueller Beziehungen, obgleich es Bemerkungen über die verheirateten Frauen enthält, sondern es umfaßt die ganze Skala des Geschlechtsverkehrs zwischen Männern und Frauen: die Verführung der ledigen Mädchen ebenso wie den Umgang mit Kurtisanen, Witwen und geschiedenen Frauen. Der größte Unterschied zu China: es enthält ein ganzes Kapitel, das ausdrücklich dem Ehebruch gewidmet ist. Das Thema des Buches ist unumwunden die Lust, und eher auf der Straße als zu Hause. Die Lust als eine Kunst verstanden, und als eine Kunst zivilisierter Menschen. Der Ton ist vorwiegend technisch: wie sich selbst und dem

. . . das Sein ist Gott und regiert alles (S. 71)

. . . die zuweilen dämonische, zuweilen göttliche Vitalität der romanischen Skulptur (S. 71)

. . . die Samenverhaltung ist ein alchemistisches und mystisches Verfahren (S. 102)

. . . gierig gelesen, und nicht nur von den Männern (S. 123)

... eine poetische baumähnliche Verzweigung (S. 125)

. . . das Prinzip des »zwei in einem« (S. 127)

. . . die Sinnenfreude als ein Zweig der Ästhetik (S. 130)

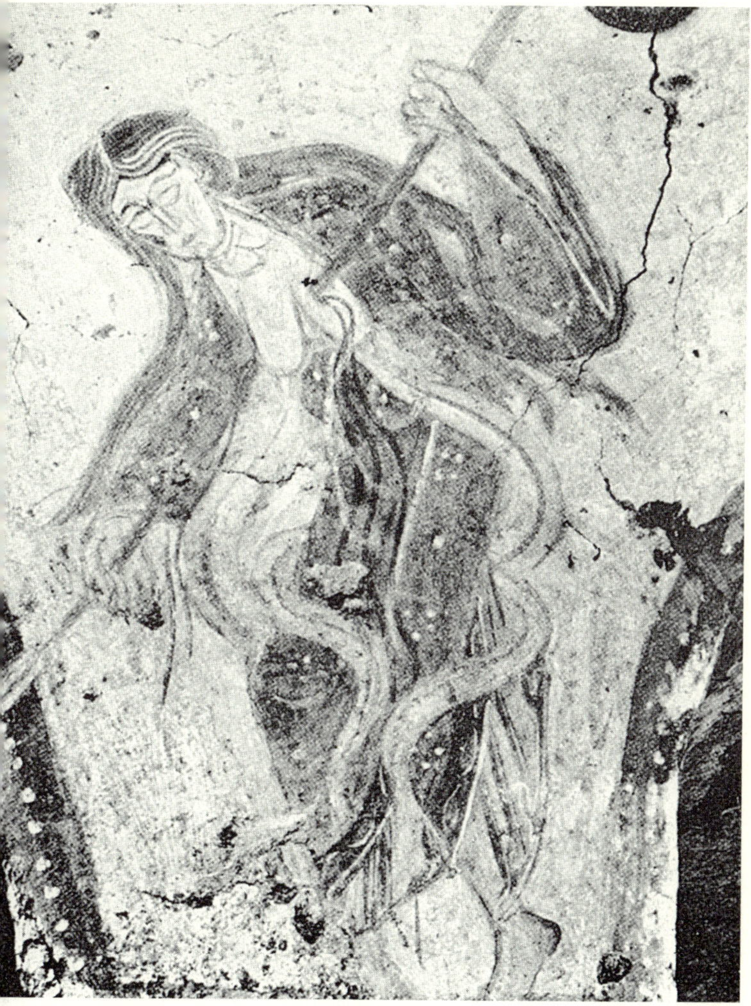

. . . Objekt der Verdammung, Subjekt der Verwandlung
(S. 138/139)

. . . das letzte Bild der christlichen Jungfrau (S. 163/164)

anderen Genuß verschaffen, und ästhetisch: wie das Leben verschönern und die Gefühle stärker und nachhaltiger machen. Es gibt nicht die geringste Besorgnis, weder um die Gesundheit, ausgenommen als Bedingung der Lust, noch um die Familie und um die Unsterblichkeit. Zweifache Abwesenheit: von Moral und Mystik, von Politik und Religion.

Ich kenne kein Buch, das weniger utilitarisch und weniger religiös ist als das *Kāmasūtra*. Ähnliches gilt für die anderen Texte der indischen Erotik, solche wie das *Kokaṣātra* und das *Anaṅgaraṅga*. In keinem von ihnen wird die Zurückhaltung des Samens erwähnt, obgleich natürlich empfohlen wird, den Akt so lange wie möglich auszudehnen, und die entsprechenden Ratschläge gegeben werden. Bücher erotischer Ästhetik und des richtigen Benehmens im Schlafzimmer: ihr Äquivalent, in einem anderen Kontext, dürfte der *Cortegiano* von Castiglioni sein. Die chinesischen Bücher gehörten zur Heilkunde, und unter dieser Rubrik figurierten sie in den alten Katalogen. Die indischen waren ein Zweig der weltlichen Künste, wie die Kunst der Kosmetika und der Parfums, das Bogenschießen und die Kochkunst, die Musik und der Gesang, der Tanz und die Pantomime. Ein weiterer, ebenfalls wesentlicher Unterschied: sie richteten sich nicht an den religiösen Menschen, auch nicht an das Familienoberhaupt, sondern an den eleganten Dandy und die reiche Kurtisane. Diese beiden Typen sind zudem die Helden der Erzählungen, Romane und Gedichte der großen *kāvya*-Literatur. Louis Renou bemerkt ganz richtig, daß die Lehrbücher der Erotik (mehr als die erotologischen) überaus nützlich waren für die Schriftsteller, Dichter und Dramatiker, »die die Theorie des *kāma* geradesogut kennen mußten wie die des *alamkara* (Rhetorik) und der Grammatik. Tatsächlich zeugt die ganze schöngeistige Literatur des klassischen Indien von einer sehr großen Vertrautheit mit der Erotik«.[5] Handbücher der Sexualtechnik, Bücher der erotischen Courtoisie, Katechismen der eitlen und verfeinerten Eleganz: die Sinnenfreude als ein Zweig der Ästhetik.

Der Vergleich der chinesischen erotischen Alchemie mit den tantrischen Texten deckt Verschiedenheiten anderer Art auf, die jedoch nicht weniger grundlegend sind. Die Alchemie fehlt natürlich auch bei den Tantra nicht, und wie im Taoismus bezweckt sie die Vereinigung der männlichen mit der weiblichen Flüssigkeit. Doch dient die Vereinigung in beiden Fällen verschiedenen Zwecken. Im Tantrismus ist sie ein Mittel, die Erleuchtung und, subsidiär, gewisse magische Kräfte *(siddhi)* zu erlangen; im Taoismus ist der Hauptzweck die Unsterblichkeit. Das Ziel des Taoisten ist es, den Naturzustand wiederzuerlangen, weil unsterblich sein unter anderem bedeutet, wieder eins zu werden mit der rhythmischen Bewegung des Kosmos, sich unaufhörlich zu erneuern, wie das Jahr und seine Jahreszeiten, das Jahrhundert und seine Jahre. Der sogenannte Quietismus der Taoisten ist untätig, nicht unbeweglich: der Weise ist gleich der Natur, die unerschütterlich und unermüdlich kreist, ständig sich verändernd und immer zu ihrem Anfang ohne Anfang zurückkehrend. Das Ideogramm der sexuellen Vereinigung im *I Ging* ist *Chi-chi:* oben das Triagramm *K'an* (Wasser, Wolke, Frau) und unten das Triagramm *Li* (Feuer, Licht, Mann). Es ist ein Augenblick und eine Situation im natürlichen Kreislauf: der Chinese trachtet nicht, wie der Inder, danach, ihn anzuhalten, sondern wünscht ihn in dem Augenblick, den die Verbindung der Zeichen angibt, zu wiederholen. Wenn das All zyklisch und fließend ist, muß

5 Louis Renou, *L'Inde Classique*, Paris 1953

die Unsterblichkeit Leben sein, das fließt und zurückfließt. Der Ablauf des Westens, der Rücklauf Chinas . . .

Der Inder negiert den Lauf und den Verlauf; alle seine Praktiken und Meditationen zielen darauf ab, den Ablauf und seinen Rücklauf aufzuheben: das Rad der Wanderungen anzuhalten. Der Taoist fließt mit dem Fließen des Kosmos: unsterblich sein heißt, den Kreislauf zu durchlaufen und zugleich unbeweglich in seiner Mitte zu verharren. Es ist ein Paradox, das so gut ist wie das christliche oder buddhistische Paradox. Es ist so gut wie sie, und es ist unvergleichlich weiser als der verrückte Lauf unseres Fortschritts, dieses blinde und hochmütige Vorrücken von einem unbekannten Punkt zu einem anderen, ebenfalls unbekannten Punkt. Das taoistische *hsü* ist ein Zustand der Ruhe, der Freiheit und der Leichtigkeit, gefeit gegen den Lärm von draußen. Es ist nicht die Leere des Buddhismus, obgleich es auch ein Zustand der Leere ist. Eher ist es das Fließende, das Nicht-Determinierte, das, was sich ändert, ohne sich zu ändern, das, was nie stillsteht und unbeweglich ist. Vereinigung und trotzdem Distanz, wie der Nebel in einer Sung-Landschaft oder diese Zeile von Su Tung-P'o: »Boatmen and water birds dream the same dream.«[6] Sie träumen den gleichen Traum, aber sie sind nicht das gleiche. Drei Haltungen: der Inder negiert die natürliche Zeit des Taoisten und die historische Zeit des Konfuzius, er opfert sie auf dem Altar der Leere oder der Nicht-Dualität; Konfuzius absorbiert die natürliche Zeit und ihre Essenz, das *ch'i*, um es in historische Zeit zu verwandeln: Familie, Gesellschaft, Staat; der Taoist negiert die historische Zeit und die Kultur, um dem Rhythmus der natürlichen Zeit zu folgen. Die Unterschiede zwischen

6 *Sun Tung-P'o*, übersetzt von Burton Watson, Columbia University Press, 1965

dem konfuzianischen und dem taoistischen Verhalten sind Abweichungen; die Unterschiede zwischen ihnen und dem indischen Verhalten, ob religiös oder profan, bilden einen echten Gegensatz, bei dem die Ähnlichkeiten unbedeutend werden. Das Verwunderliche ist nicht, daß es Anleihen der einen Kultur bei der anderen gegeben hat, sondern daß ein und dieselbe Praktik, das Zurückhalten des Samens, Gegenstand derart entgegengesetzer Verarbeitungen und Lehren gewesen ist.

Der Tantrismus negiert die historische Zeit und die natürliche Zeit. So ist die Verbindung zwischen den Zeichen *Körper* und *Nicht-Körper* trotz des übermäßigen Materialismus ihrer Praktiken gleichbedeutend mit einer Entkörperlichung. Der Taoismus negiert die historische und moralische Zeit: er trachtet danach, sich in die kosmischen Zeit zu reintegrieren und eins zu werden mit dem zyklischen Rhythmus des Himmels und der Erde, die sich abwechselnd umarmen und trennen. Es ist ein anderer Fall von Verbindung, wenn auch weniger extrem als die des buddhistischen und hinduistischen Tantrismus. Weniger extrem und fruchtbarer. Abgesehen von den taoistischen Klassikern, die zu den schönsten und tiefsten Büchern aller Kulturen zählen, ist diese Lehre gleichsam ein heimlicher Fluß gewesen, der jahrhundertelang nicht aufgehört hat zu fließen. Sie inspirierte fast alle großen Dichter und Kalligraphen, und wir verdanken ihr die beste chinesische Malerei, ganz zu schweigen von ihrem Einfluß auf den *Ch'an*-Buddhismus, bekannter unter seinem japanischen Namen Zen. Vor allem war sie jahrhundertelang das Gegengewicht zur konfuzianischen Orthodoxie; dank dem Taoismus war das chinesische Leben nicht allein eine endlose und komplizierte Zeremonie, ein Gewebe von Kniefällen und Pflichten. Tschuang-tse war das Salz dieser

Kultur; das Salz und die offene Tür zum Unendlichen. Aus all diesen Gründen geht es nicht an, den Taoismus mit dem Tantrismus zu vergleichen, der schließlich nur die letzte Phase des Buddhismus ist; der Vergleich muß zu den großen Mahāyāna-Schulen (*Mādhyamika* und *Vijñāna*) gezogen werden. Die buddhistische Verbindung ist aktiv und willentlich; die taoistische passiv und unbewußt. Der Buddhismus schuf eine strenge Logik, die weniger komplex ist als die moderne symbolische Logik; der Taoismus war unsymmetrisch und ästhetisch. In der buddhistischen Verbindung nimmt das Zeichen *Nicht-Körper* die logische Form des Prinzips der Identität an: *nirvāṇa* ist *saṁsāra*; in der taoistischen lösen sich der Skeptizismus und der Humor im *Nicht-Körper* auf; sie ist eher eine Poetik als eine Metaphysik, eher ein Weltgefühl als eine Idee. Die Unfähigkeit des Taoismus, Systeme von dem Reichtum und der Komplexität des Buddhismus zu schaffen, schützte ihn: er erstarrte nicht zu einer Dogmatik und war wie »das Wasser des Tals«, das in seiner Ruhe alle Veränderungen des Himmels spiegelt. Doch sie hinderte ihn auch daran, sich selbst zu kritisieren, sich zu negieren und sich zu verwandeln. Langsam geriet er in Verfall, vermischte sich und verschmolz schließlich mit dem gröbsten Aberglauben des gemeinen Volks. Der Taoismus hörte auf zu fließen: er stagnierte.

Ordnung und Zufall

Die Einstellung des Konfuzianismus dem Sexus gegenüber ist moralisch, jedoch nicht metaphysisch. Weder Vergöttlichung noch Verdammung des Phallus. Der Körper ist weder schlecht noch sündhaft: er ist gefährlich.

Daher müssen wir ihn kontrollieren und zügeln. Kontrolle und Zügelung bedeuten weder Unterdrückung noch Aufhebung, sondern Harmonie. Modell der Harmonie sind die unveränderlichen Prinzipien, welche die Verbindungen und Trennungen von Himmel und Erde bestimmen. Die tugendhafte Gesellschaft wird von den gleichen Gesetzen beherrscht: das Reich ist der Spiegel des Kosmos. Wenn der Kaiser der Sohn des Himmels ist, dann ist der Familienvater die Sonne seines Hauses. Den Samenerguß regulieren und das weibliche Lebensprinzip in sich aufnehmen heißt, sich in die universale Harmonie einfügen und zur allgemeinen Gesundheit der Gesellschaft beitragen. Die eheliche Vereinigung ist ein Teil der »rechten Regierung«, wie die Etikette, der Ahnenkult, die Nachahmung der Klassiker und der Vollzug der Riten. Das ursprüngliche Wesen des Menschen ist gut, weil es nicht geschieden ist von der wesensmäßigen Güte der Natur. Diese angeborene Güte heißt auch Ordnung, sei sie kosmisch oder gesellschaftlich. Der Geschlechtsakt erfüllt den Zweck der Familieninstitution – das Zeugen und Erziehen von Kindern –, welche ihrerseits lediglich die Ordnung der Natur bei den Menschen widerspiegelt und verwirklicht. Zeugung und Erziehung sind Phasen ein und desselben Prozesses. Bei der geschlechtlichen Vereinigung – an den für die Empfängnis günstigen Tagen und mit der vorgeschriebenen Frau – wird Natur im Rohzustand absorbiert, natürliche Zeit, die sich in gesellschaftliche, geschichtliche Natur verwandelt: in Kinder. Das nämliche geschieht bei der Erziehung: sie ist der Prozeß der Sozialisation und Integration der biologischen Nachkommenschaft in die Familie und letzterer in das Kaiserreich. In beiden Fällen handelt es sich nicht darum, die Natur zu verändern, sondern darum, zur natürlichen Ordnung zurückzukehren. Das habe ich, etwas ungenau, Verwandlung genannt. Die leidenschaftliche und chaotische Zeit des Geschlechts verwandelt sich in geschichtliche, gesellschaftliche Zeit. Geschichte und Gesellschaft sind nichts anderes als verfeinerte Natur, ihrem ursprünglichen, uranfänglichen Zustand wiedergegeben.

Im vorangehenden Abschnitt habe ich wiederholt das Wort *Geschichte* verwendet. Ich gestehe, daß ich damit einen Begriff eingeführt habe, der dem konfuzianischen Denken fremd ist. Es sei also präzisiert, daß Geschichte einerseits als Kultur, andererseits als archetypische Vorzeit zu verstehen ist. Der glückliche Zustand der Vorzeit kann wiederkehren, wenn die Menschen sich wie die Vorfahren »kultivieren«. Das Wort *tê* wird im allgemeinen mit Tugend übersetzt; Waley zufolge bezeichneten die alten Chinesen mit *tê* jedoch auch den Vorgang des Säens und Pflanzens.[7] *Tê* bedeutet somit Vermögen: inhärente Möglichkeit des Wachsens. Die Tugend ist dem Menschen angeboren, weil sie ein Same ist; als solcher verlangt er Pflege. Vorbild dieser Kultivierung, d. h. der Kultur, ist das Wirken der Natur, der großen Erzeugerin von Samen und damit von Tugenden. Die Verwandlung des Samens in tugendhaftes gesellschaftliches Leben – sei es, weil sein Erguß während der ehelichen Vereinigung Kinder zeugt oder weil seine Verhaltung das Leben verlängert – ist nicht so sehr Verwandlung als Kultivierung. In diesem Sinne ist der Geschlechtsakt identisch mit den anderen Handlungen des zivilisierten Menschen; sie alle kultivieren die natürliche Zeit, und bringen sie am Ende mit ihrem verborgenen Prinzip in Übereinstimmung. Dieses Prinzip ist *T'ien tao:* die kosmische Ordnung.

Die zentrale Idee des konfuzianischen Denkens scheint

7 Arthur Waley, *The Way and its Power*, London 1934

die Beziehung zwischen den Zeichen *Körper* und *Nicht-Körper* zu negieren. Mehr noch: Man hat den Eindruck, daß diese Zeichen in dieser Sicht der Welt noch nicht einmal in Erscheinung treten. Denn was ich *Nicht-Körper* genannt habe, ist *tê*, Tugend; und diese Tugend ist, für Konfuzius, nichts anderes als Natur. Was den *Körper* betrifft: auch er ist Natur, und er ist Erzeuger von *tê*. Alles reduziert sich auf verschiedene Weisen der Existenz, nicht der Essenz: individueller biologischer Körper, familiärer gesellschaftlicher Körper, imperialer politischer Körper, Körper des Kosmos. Das gleiche ließe sich, wenn auch im umgekehrten Sinne, vom Buddhismus und vom Christentum sagen: alles ist Leere und alles ist Geist. Und: besinnt man sich auf die wirkliche Bedeutung von *tê*, erkennt man sogleich, daß es nicht Natur, sondern Kultur ist. Der entgegengesetzte Begriff, der *saṁsāra* und Sünde entspricht, ist Barbarei, wildes Leben. *Nicht-Körper* ist Kultur, tugendhaftes gesellschaftliches Leben. Folglich ist die Beziehung zwischen den Zeichen die gleiche wie in den anderen Zivilisationen, nur ihre besondere Bedeutung ist eine andere. Allerdings – und dies erklärt auch die Verwirrung – war der konfuzianische *Nicht-Körper* – und deutlicher noch der des Taoismus – dem Körper und der Natur näher als der buddhistischen Leere und dem christlichen Gott. Aus diesem Grund war der Entwicklungsprozeß des Ungleichgewichts zwischen den Zeichen unterschiedlich, mochte die Sublimierung sich auch wie in den anderen Zivilisationen vollziehen.

Max Weber beschrieb in einer berühmten Untersuchung die Analogien zwischen dem Protestantismus und der konfuzianischen Klasse der Mandarine. Dabei machte er auch ihren wesentlichen Unterschied deutlich: ersterer verwandelt die Welt; letztere besitzt und genießt deren

Früchte. Nach meiner Auffassung liegt die größte (von Weber nicht erwähnte) Ähnlichkeit jedoch in der Verwandlung der natürlichen Zeit – Exkrement im einen und Samen im anderen Fall – in geschichtliche und gesellschaftliche Zeit. Der Unterschied ist also nicht weniger bedeutsam als die Ähnlichkeit. Konfuzius' Auffassung der Gesellschaft hat ihr Vorbild in der natürlichen Erzeugung der Dinge durch das Wirken der unveränderlichen Ordnung. Dies ist die Bedeutung von *tê* und von Kultur. Die tugendhafte Gesellschaft, die Kultur, ist Gesellschaft, die sich selbst erzeugt und wiederholt, wie die Natur. Natur, die wiederkehrt, Samen, der sich wieder absorbiert, Leben, das sich vermehrt und sich selbst reguliert. Ordnung, Kontrolle, Hierarchie: eine Harmonie, die weder Ungleichheiten noch Bestrafungen ausschließt. Es gibt keine Trennung wie im Protestantismus, und die Verbindung ist niemals extrem wie im Taoismus und im Tantrismus. Dennoch war der Konfuzianismus nicht gegen den zweifachen Angriff von Sexus und Tod gefeit – keine Idee und keine Institution ist es. Im Konfuzianismus drückt sich die Sublimierung als Neutralisierung der Zeichen durch eine fortschreitende Paralyse aus. Eine Unbeweglichkeit, die, um sich besser vollenden zu können, die Illusion der Bewegung vermittelt: Natur verwandelt sich in Kultur, und diese wiederum maskiert sich als falsche Natur, die sich erneut in Kultur verwandelt und so fort. Bei jeder Verwandlung ist die Natur weniger natürlich und die Kultur rigider und formaler. China bewahrt sich in der Wiederkehr, aber es negiert sich nicht und geht deshalb nie über sich selbst hinaus. Die Versteinerung am Ende war unvermeidlich. Die Versteinerung und das Alles-wieder-von-neuem-Beginnen: gestern der Kaiser der Ch'in und heute seine Reinkarnation, der Vorsitzende

Mao. Ein totales, absolutes Wieder-von-neuem-Beginnen, zumal es nicht nur Gegenwart und Zukunft umfaßt, sondern auch die Vergangenheit – gestern durch das Verbrennen und die Vernichtung der Klassiker, heute durch die Entstellung der chinesischen Zivilisation und die aufgezwungene »maoistische Geschichtsinterpretation«. Manische Konfiszierungen der Vergangenheit, stets dazu bestimmt, ihrerseits wieder von jener Macht konfisziert zu werden, die zugleich der wahrste Ausdruck der Zukunft und die Aufhebung jeder Zeit ist: das Vergessen . . . Kurz, im Konfuzianismus war der Sublimierungsprozeß die Kultur: Nachahmung der Natur und der Klassiker; im Protestantismus war es die moralische Repression. Beide Haltungen kommen gewissermaßen plastisch zum Ausdruck in ihren gegensätzlichen Reaktionen gegenüber dem Samen und dem Exkrement.

In Indien und China hatte die Beziehung zwischen den Zeichen *Körper* und *Nicht-Körper* die Form der Verbindung. Im Abendland war es die Trennung. In seiner Endphase treibt das Christentum die Trennung auf die Spitze: Verdammung von Körper und Natur in der protestantischen Ethik. Der andere Pol der Beziehung (Geist, Seele) ist weit entfernt vom Tao Lao-tses, der Leere Nāgārjunas oder der natürlichen Ordnung des Konfuzianismus: das Reich der Ideen und der unzerstörbaren Wesenheiten. Scheidung von Himmel und Erde: die Tugend besteht in der Opferung der Natur, um sich den Himmel zu verdienen. In seiner Endphase bringt das Christentum die areligiöse Gesellschaft hervor und ersetzt die vertikale Beziehung zwischen den Begriffen durch die horizontale: der Himmel verwandelt sich in Geschichte, Zukunft, Fortschritt; und Natur und Körper, wiewohl weiterhin Feinde, hören auf, Objekte der Verdammung zu sein, und werden zu Subjekten der Verwandlung. Die Geschichte ist nicht zirkulär und wiederkehrend wie in China; sie ist auch kein Zwischenspiel zwischen dem Sündenfall und dem Ende der Welt wie in der mittelalterlichen Gesellschaft oder Kampf zwischen Gleichen wie in der griechischen Demokratie: sie ist auf die Zukunft gerichtetes Handeln, Kolonisierung des Kommenden. Das alte Christentum betrachtete – darin dem Islam gleich – geschichtliches Handeln als Kreuzzug, als heiligen Krieg und Bekehrung der Ungläubigen. Der moderne Okzident verlagert die Bekehrung auf die Natur: er wirkt mit demselben Eifer und besseren Ergebnissen auf und gegen sie, als die Kreuzfahrer es gegen die Muselmanen taten. Die Umwandlung des Exkrements in abstraktes Gold war nur ein Teil der immensen Aufgabe: die natürliche Welt unterwerfen, endlich die schmutzige und verschmutzende Materie beherrschen, die Niederlage des kraftvollen und rebellischen Elements besiegeln. Die Eroberung, Beherrschung und Konversion der Natur hat theologische Wurzeln, wenn auch diejenigen, die sie heute betreiben, areligiöse und sogar atheistische Wissenschaftler sind. Die gegenwärtige Gesellschaft hat aufgehört, christlich zu sein; aber ihre Leidenschaften sind die des Christentums. Obwohl unsere Wissenschaft und unsere Technik nicht religiös sind, besitzen sie doch einen christlichen Tempel: es leitet sie die fromme Raserei der Kreuzritter und Eroberer, die nun nicht mehr auf die Eroberung der Seelen gerichtet ist, sondern auf die Eroberung des Kosmos. China faßte die Kultur als Kultivierung der Natur auf; der moderne Okzident begreift Kultur als Herrschaft über sie; die eine war zyklisch und wiederkehrend; die andere ist dialektisch: sie negiert sich, indem sie sich affirmiert, und jede ihrer Negationen ist ein Sprung ins Unbekannte.

Okzident: extreme Trennung und nicht minder extreme Gewalt. Bestimmt wird man ersteres in Zweifel ziehen mit dem Hinweis darauf, daß unsere Epoche *materialistisch* sei. Andere werden sagen, daß die Gewalt des Okzidents nicht größer ist als die der Assyrer, Azteken und Tataren, mit dem Unterschied, daß es eine schöpferische Gewalt ist: sie hat die Erde mit prächtigen Konstruktionen bedeckt und den Weltraum mit Maschinen bevölkert. Meine Antwort darauf ist kurz: Es ist richtig, daß das westliche Denken, insbesondere im Bereich der Wissenschaft, seit dem 16. Jahrhundert immer weniger spiritualistisch ist. Die traditionelle Bedeutung des Zeichens *Nicht-Körper* hat sich allmählich verändert: aus der anfänglichen religiösen Bedeutung (die Gottheit) wurde eine philosophische (Idealismus), später eine kritische und schließlich eine materialistische. Letztere verlangt eine Erläuterung. Es tut nichts zur Sache, daß die gegenwärtige Auffassung der Materie wenig mit dem alten Materialismus gemein hat: selbst wenn wir sie als ein Netz von Beziehungen oder Strukturen betrachten, die nicht – zumindest nicht in allen Fällen – vom wissenschaftlichen Determinismus des 19. Jahrhunderts beherrscht werden, lassen sich die Atomteilchen oder die biologischen Zellen schwerlich als *Ideen* oder als *Geist* bezeichnen. Ebensowenig denken wir an sie als an *Schöpfungen:* es sind Gegenstände, Dinge, Verknüpfungen von Beziehungen und Kräften, die wir annähernd beschreiben können. Hier ist die Idee der Schöpfung entweder überflüssig oder redundant: der Begriff eines Schöpfers gehört nicht zu den Regeln des wissenschaftlichen Spiels. Gleichwohl haben wir es mit einem *Materialismus* zu tun – um diesen ungenauen Begriff weiterhin zu verwenden –, der zur konkreten Wirklichkeit des Zeichens *Körper* einen ebenso strengen Gegensatz bildet wie der alte Geist. Um die Natur zu kennen – in Wirklichkeit, um sie zu beherrschen –, haben wir sie verändert; sie hat aufgehört, ein körperliches Dasein zu führen und sich in eine Relation verwandelt. Die Natur ist, bis zu einem gewissen Grad, begreifbar geworden; sie ist aber auch unfaßbar geworden. Sie ist kein Körper mehr: sie ist Gleichung. Eine Relation, die sich in Symbolen ausdrückt und daher identisch ist mit dem Denken oder reduzierbar auf seine Gesetze. Der wissenschaftliche Solipsismus ist eine Variante des sprachlichen Solipsismus. Über letzteren sagte Wittgenstein, er sei legitim und kohärent: »Daß die Welt meine Welt ist, das zeigt sich darin, daß die Grenzen *der* Sprache . . die Grenzen *meiner* Welt bedeuten . . . Ich bin meine Welt.« Nur daß dieses »ich bin« nicht der Körper ist, sondern meine Sprache – die Sprache. Eine Sprache, die jedes Mal weniger die meine ist: sie ist die der Wissenschaft.

Der abstrakte Charakter unseres Materialismus zeigt sich auch in den Humanwissenschaften. Durkheims und Mauss' »choses sociales« sind nicht wirklich Gegenstände, sondern Institutionen und Symbole, geschaffen von einer Entelechie, die sich Gesellschaft nennt. Es ist wohl kaum nötig, ein weiteres Beispiel anzuführen: das des historischen oder dialektischen Materialismus. Der erste Terminus verweist darauf, daß wir es mit einer geschichtlichen Materie zu tun haben, die von Menschen gemacht ist. Es ist nicht der Körper: es ist die Geschichte. Was den zweiten betrifft: niemand hat bislang die Beziehung zwischen Materie und Dialektik erklären können. Nein, weder ist unsere Materie körperlich, noch ist unser Materialismus fleischlich. Der alte Geist hat Ort und Namen gewechselt. Er hat einige Attribute verloren und andere hinzugewonnen: das ist alles. Die Psychoanalyse selbst ist Teil der

Sublimierung und mithin der Neurose der westlichen Zivilisation. In der Tat verschwimmen die Grenzen zwischen Neurose und Sublimierung: erstere schließt uns in eine imaginäre Sackgasse ein, und letztere eröffnet uns einen ebenfalls imaginären Ausweg. Die Therapie der Psychoanalyse entspricht, auf individueller Ebene, den kollektiven Sublimierungen. Norman O. Brown zitiert einen Satz Freuds, der es mir erspart, mit dieser Beweisführung fortzufahren: »Diese Abweichung führt sich in letzter Auflösung darauf zurück, daß die Neurosen asoziale Bildungen sind; sie suchen mit privaten Mitteln zu leisten, was in der Gesellschaft durch kollektive Arbeit entstand.« Diese kollektive Arbeit sind die Sublimierungen, die wir Kunst, Religion, Philosophie, Wissenschaft und Psychoanalyse nennen. Nur daß die Sublimierungen, die unter das Zeichen *Nicht-Körper* fallen, auch dann die Gesellschaften in Sackgassen führen, wenn die Beziehung mit dem Zeichen *Körper* abbricht oder schwächer wird. Genau das geschieht im Okzident, nicht trotz, sondern wegen unseres Materialismus. Es ist ein abstrakter Materialismus, eine Art umgekehrter Platonismus, körperlos wie die Leere Buddhas. Er provoziert nicht einmal mehr eine Reaktion des Körpers: er hat sich in ihn eingeschlichen und saugt ihm nun, gleich einem Vampir, das Blut aus. Man braucht nur eine Modezeitschrift durchzublättern, um festzustellen, auf welch elenden Zustand der neue Materialismus die menschliche Gestalt reduziert hat: die Körper dieser Mädchen sind das Bild der Askese, der Entbehrung, der Nüchternheit selbst.

Anders als die Verbindung in der östlichen Zivilisation verhindert die Trennung in der westlichen den Dialog zwischen *Körper* und *Nicht-Körper*; daraus folgt unvermeidlich eine Anhäufung von Sublimierungen. Nur daß der Weg der Anhäufung der Sublimierungen, wie es bei Brown heißt, auch der Weg der Anhäufung der Aggressionen ist. Ergebnis ist die Explosion. Es ist nicht nötig, sich mit der Beschreibung der Grausamkeiten des Okzidents aufzuhalten. Ich räume im übrigen bereitwillig ein, daß sie in den anderen Zivilisationen nicht weniger schrecklich waren. Ich möchte jedoch die spezifische Tonalität der westlichen Gewalt hervorheben. Für das christliche Abendland waren die fremden Gesellschaften stets die Verkörperung des Bösen: sie sahen in ihnen den Feind des *Nicht-Körpers*. Die fremden Gesellschaften, gleich ob wild oder zivilisiert, waren Erscheinungsformen der niederen Welt: Körper. Und wie Körper wurden sie auch behandelt, mit der gleichen Härte, mit der die Asketen ihre Sinne kasteiten. Shakespeare sagt es ganz unverhohlen in *Der Sturm*. In der unterschiedlichen Haltung der katholischen Spanier und Portugiesen und der protestantischen Angelsachsen bei der Kolonisierung Amerikas drückt sich nichts anderes aus als die grundsätzliche Haltung beider gegenüber dem Körper. Für den Katholizismus der Gegenreformation existierte immer noch die Möglichkeit einer Vermittlung zwischen *Körper* und *Nicht-Körper*; Folge: Bekehrung und Rassenvermischung. Für den Protestantismus war die Kluft bereits unüberbrückbar; Ergebnis: die Ausrottung der amerikanischen Indianer oder ihre Einsperrung in die »Reservate«.

Schuldgefühl verstärkt unsere aggressiven Neigungen. Gleichzeitig verlagert es sie: die anderen sind es, die uns bedrohen, uns verfolgen, uns zerstören wollen. Die anderen sind auch und vor allem das Andere: die Götter, die Naturgewalten, das ganze Universum. In allen Zivilisationen, einschließlich der ersten Periode der unseren (mittelalterlicher Katholizismus) wurden Erdbeben, Epidemien, Überschwemmungen, Dürreperioden und sonstige Naturkatastrophen als eine übernatürliche Aggression betrachtet. Zuweilen als Äußerungen des Zorns, der Laune oder auch der irr-sinnigen Fröhlichkeit der Götter, zuweilen als Strafe für die Sünden, Exzesse oder Verfehlungen der Menschen. Eine Möglichkeit der Abwehr bestand darin, das Wohlwollen der Gottheit mit Opfern, guten Werken, Bußriten, Wiedergutmachungen und anderen Praktiken zu erkaufen; ein anderes Mittel war die Umwandlung der Strafe durch ethische oder philosophische Sublimierung, wie im Ödipus des Sophokles oder in Arjunas Vision auf dem Schlachtfeld, wo er Vishnu als den gleichgültigen Spender von Leben und Tod erblickt. Auf beiden Wegen, durch den Ritus oder durch die philosophische Resignation, konnte der Mensch sich mit seinem Unglück versöhnen. Diese Versöhnung hatte, gleich ob illusorisch oder nicht, einen spezifischen Vorzug: sie nahm das Unglück in die kosmische und menschliche Ordnung auf, machte die Ausnahme begreiflich, gab dem Zufall Sinn. Die moderne Wissenschaft hat die Epidemien beseitigt und uns plausible Erklärungen für die anderen Naturkatastrophen geliefert: die Natur hat aufgehört, Hort unseres Schuldgefühls zu sein; gleichzeitig hat die Technik den Begriff des Zufalls ausgedehnt und erweitert und ihm darüber hinaus einen völlig anderen Charakter gegeben. Ich bezweifle, daß die Zahl der Opfer durch Reitunfälle und Schlangenbisse in der alten Zeit, selbst proportional gesehen, größer war als die Zahl der Opfer durch sich überschlagende Autos, entgleisende Züge und zerschellende Flugzeuge. Der Unfall ist Teil unseres Alltagslebens, und sein Schatten bevölkert unsere schlaflosen Nächte, so wie der böse Blick die Hirten in den elenden Nestern Afghanistans keinen Schlaf finden läßt.

Außer dem individuellen und alltäglichen Unfall gibt es den universalen Zufall: die Bombe. Die drohende planetare Vernichtung hat kein festes Datum: sie kann heute oder morgen oder niemals stattfinden. Sie ist die äußerste Unbestimmtheit und noch schwerer vorhersehbar als Jehovas Zorn oder Shivas Raserei. Der Zufall ist das Imminente und das Wahrscheinliche. Imminent, weil er sich heute ereignen kann; wahrscheinlich, weil in unserem Universum nicht nur die Götter, der Geist, die kosmische Harmonie und das buddhistische Gesetz der pluralen Kausalität verschwunden sind, sondern weil gleichzeitig der vertrauensvolle Determinismus der Wissenschaft des 19. Jahrhunderts zusammengebrochen ist. Das Prinzip der Unbestimmtheit in der heutigen Physik und der Gödelsche Beweis in der Logik sind das Gegenstück des Zufalls in der Welt der Geschichte. Ich sage nicht, daß sie dasselbe sind: ich sage, daß in allen drei Fällen die axiomatischen und deterministischen Systeme ihre Konsistenz verloren haben und einen ihnen innewohnenden Fehler erkennen lassen. Dieser Fehler ist nicht wirklich ein Fehler: er ist eine Eigenschaft des Systems, etwas, das ihm als System eigen ist. Der Zufall ist weder eine Ausnahme noch eine Krankheit unserer politischen Regime; ebensowenig ist er ein korrigierbarer Defekt unserer Zivilisation: er ist die natürliche Folge unserer Wissenschaft, unserer Politik, unserer Moral. Der Zufall ist ein Teil unserer Fortschrittsidee, so wie Zeus' Lüsternheit und Indras Rausch und Völlerei Teil der griechischen beziehungsweise der vedischen Kultur waren. Der Unterschied besteht darin, daß Indra mit einem Opfer des *soma* abgelenkt werden konnte, der Zufall jedoch ist unbestechlich und unvorhersehbar.

Die Verwandlung des Zufalls in eines der rollenden Räder der Geschichte ist nicht weniger erstaunlich als der

Beweis, daß weder das menschliche Gehirn noch die Computer feststellen können, ob die Axiome der Geometrie und der Arithmetik – beziehungsweise die Grundlagen der Mathematik und das Modell der Logik – völlig konsistent sind.[8] Nur die Folgen sind andere: der Gödelsche Beweis oder die Schlußfolgerungen Heisenbergs lösen Verblüffung aus; der Zufall versetzt uns in Schrecken. Das Zeichen *Nicht-Körper* war immer repressiv und hat die Menschen mit der ewigen Verdammnis, dem Kreislauf der Seelenwanderungen und anderen schrecklichen Strafen bedroht. Jetzt aber verspricht es uns die totale und zufällige Vernichtung, ohne zwischen Gerechten und Sündern zu unterscheiden. Der Zufall hat sich in ein Paradox der Notwendigkeit verwandelt: er besitzt ihre Unausweichlichkeit und die Unbestimmtheit der Freiheit. Der *Nicht-Körper*, verwandelt in materialistische Wissenschaft, ist gleichbedeutend mit dem Schrecken: der Zufall ist eines der Attribute der Vernunft, die wir anbeten. Er ist das schreckliche Attribut, wie der Strick Shivas oder der Blitzstrahl Jupiters. Die christliche Moral hat ihm ihre Unterdrückungsgewalt abgetreten, aber gleichzeitig hat sich jeder moralische Anspruch von dieser übermenschlichen Macht zurückgezogen. Es ist die Wiederkehr der Angst der Azteken, wenn auch ohne himmlische Vorzeichen oder Zeichen. Die Katastrophe wird banal und lächerlich, weil der Zufall letzten Endes nur ein Unfall ist.

8 Ernest Nagel, James B. Newman: *Gödel's proof*, New York 1958. Dt.: *Der Gödelsche Beweis*, Wien, München 1964

La mariée mise à nu par ses célibataires, même

Die inneren Reaktionen auf die Repression des Okzidents waren ebenso heftig wie die äußeren Reaktionen auf seine koloniale Unterdrückung. Außerdem nahmen sie von Anfang an seltsame und phantastische Formen an. Van Gulik unterstreicht, daß eine Untersuchung der Bücher vom Bett eine sehr begrenzte Anzahl sexueller Perversionen und Abweichungen ergibt. Jeder, der die chinesischen erotischen Romane gelesen hat, wird dem holländischen Sinologen darin zustimmen. Ebenso verhält es sich mit der Literatur und Kunst in Indien, ob es sich nun um die Skulptur, den Roman, die Dichtung oder die Bücher der Erotologie handelt. Eine Ausnahme bilden die tantrischen Texte, und selbst hier haben die skatologischen und blutigen Riten lediglich den Zweck, den Destruktionstrieb zu neutralisieren. Die Beziehung in Form der Verbindung verhinderte im alten Asien eine übermäßige Zunahme von Sadismus und Masochismus. Keine Zivilisation, mit Ausnahme vielleicht der aztekischen, gebietet über eine Kunst, die es an sexueller Grausamkeit mit der des Okzidents aufnehmen könnte. Indes gibt es einen Unterschied: die Kunst der Azteken war religiöse Sublimierung; unsere ist profan. Denn wenn ich von Grausamkeit spreche, meine ich nicht die düsteren Darstellungen der religiösen Kunst am Ende des Mittelalters oder die der Gegenreformation in Spanien: ich beziehe mich auf die moderne Kunst, vom 18. Jahrhundert bis heute. Sade ist einzigartig, und er ist es deshalb, weil der Okzident in diesem Bereich einzigartig war. In den europäischen Werken der Erotik nimmt die Beziehung zwischen *Nicht-Körper* und *Körper* die Formen *Folter und Orgasmus* an. Der Tod als Stachel der Lust und als Gebieter des Lebens. Von Sade bis zur

Geschichte der O ist unsere Erotik ein Grabgesang oder eine düstere Pantomime. Bei Sade mündet die Lust in Gefühlskälte: auf die sexuelle Explosion folgt die Reglosigkeit der erkalteten Lava. Der Körper wird Messer oder Stein; die Materie, die natürliche Welt, die atmet und vibriert, verwandelt sich in eine Abstraktion: ein scharfer Syllogismus, der das Leben tötet und am Ende sich selbst den Tod gibt. Seltsame Verdammung: er bringt sich um, und so lebt er wieder auf, um sich erneut umzubringen.

In Bereichen, die weniger mit Aggressivität aufgeladen sind als der moderne erotische Roman, bricht die Gewalt sich ebenso machtvoll Bahn, wenn auch nicht mit solch phantastischer Grausamkeit. Ich denke zum Beispiel an die Auseinandersetzungen um die freie Liebe, die Sexualerziehung, die Abschaffung der Gesetze, die sexuelle Abweichungen unter Strafe stellen, und andere Forderungen dieser Art. Woran ich Anstoß nehme, ist selbstverständlich nicht die Legitimität dieser Bestrebungen, sondern die kämpferische und kriegerische Form, in der sie zum Ausdruck kommen. Die Rechte der Liebe, der Kampf für die sexuelle Gleichheit von Mann und Frau, die Freiheit der Triebe: das Vokabular ist das der Politik und des Krieges. Gewiß, in allen Zivilisationen gibt es die Analogie von Erotik und Kampf, doch in keiner, ausgenommen der unseren, kleidet sie sich in die Form revolutionären Protestes. Für den Inder und Chinesen ist der erotische Krieg ein Spiel, eine Repräsentation; für den westlichen Menschen gewinnt die kriegerische Metapher sogleich eine militärische und politische Bedeutung mit dem ganzen Gefolge von Aufrufen, Vorschriften, Normen und Pflichten. Nichts ist weiter entfernt vom Kampf Mann gegen Mann. Der Fanatismus unserer Rebellen ist das Gegenstück der puritanischen Strenge; es gibt eine Moral der Auflösung, wie es eine Moral der Unterdrückung gibt, und beide lasten auf ihren Adepten mit gleich maßlosen Forderungen.

Ein weiteres Beispiel: unsere Haltung gegenüber der sexuellen Abweichung. Die chinesische Literatur befaßt sich wenig mit dem Thema der männlichen Homosexualität, und wenn, dann tut sie es nur flüchtig; was die weibliche Homosexualität betrifft, so ist ihre Haltung eher wohlwollend. Sie ist weniger ein Problem der Moral als eine Angelegenheit der Lebensökonomie: der Geschlechtsverkehr zwischen Männern ist nicht schändlich, sondern schädlich, weil seine übermäßige Ausübung die Aneignung des kostbaren weiblichen *ch'i* verhindert. Kunst und Literatur Indiens sind noch sparsamer in dieser Hinsicht, wenn es auch eine Fülle erotischer Abbildungen mit lesbischen Themen gibt. Natürlich waren diese Abweichungen beiden Zivilisationen wohlbekannt. Wenn sie sie auch nicht verherrlichten wie die Griechen, die Perser und die Araber, so verfolgten sie sie doch auch nicht mit der erbitterten Heftigkeit des Okzidents. Die »schändliche Sünde« ist eine weitere Besonderheit des Christentums. In Delhi und anderen Städten und Dörfern in Uttar Pradesh und Rajasthan gibt es eine Sekte von Musikanten und Tänzern, die als Frauen verkleidet durch die Straßen ziehen, fahrende Künstler, die nebenbei der männlichen Prostitution nachgehen. Ihre Anwesenheit ist häufig und beinahe obligatorisch bei Geburts- und Heiratszeremonien, bei den Hindus ebenso wie bei den Mohammedanern. Im viktorianischen Indien unserer Tage – das deformiert ist durch das doppelte Erbe des mohammedanischen und des englischen Puritanismus – spricht niemand von ihnen, aber niemand verzichtet auch auf ihre Tänze und Gesänge, wenn ein Kind geboren wird oder sich jemand in der Familie verheiratet. Im Okzident tendieren die Homosexuellen zum Ressentiment, und ihre Riten haben etwas von den Zusammenkünften einer Gemeinschaft von Verschwörern. Eine weitere Gewohnheit, die im Orient eher als eine Übung physischer und psychischer Hygiene betrachtet wird und nicht als ein Greuel: die Masturbation. Gleich ob es sich um einsame, heterosexuelle oder homosexuelle Praktiken handelt, unsere Erotik ist re-formatorisch und nicht, wie es der Fall sein sollte, kon-formatorisch. Die Diskordanz ist die Ergänzung des Zufalls.

Die Geschichte des *Körpers* in der Endphase der westlichen Zivilisation ist die Geschichte seiner Rebellionen. Ich glaube nicht, daß der erotische Trieb sich in irgendeiner anderen Epoche oder irgendeiner anderen Zivilisation als reine oder vorherrschend sexuelle Subversion manifestiert hat. Damit will ich sagen: Erotik ist mehr als bloßer sexueller Drang, sie ist Ausdruck des Zeichens *Körper*. Nun ist das Zeichen *Körper* aber nicht unabhängig; es ist eine Beziehung, ein stetes Gerichtetsein auf das Zeichen *Nicht-Körper*, sein Gegenüber, sein Gegner, sein Verbündeter. Die Rebellion des Okzidents scheint anzuzeigen, daß die Trennung zwischen den Zeichen derart extrem geworden ist, daß ihre Beziehung dazu tendiert, sich fast völlig aufzulösen. Die Situation erinnert, in umgekehrtem Sinne, an die katharische Häresie mit ihrer emphatischen Überbetonung der Keuschheit und ihrer Negation der Zeugung. Gestern: Versuch der Auflösung des Zeichens *Körper*; heute: des Zeichens *Nicht-Körper*. Verschwindet die Beziehung aber völlig? Ich habe meine Zweifel, im einen wie im anderen Fall. Was die Katharer betrifft, so muß man bedenken, daß sie, darin allen Religionen gleich, zweierlei Moral kannten: die Moral der

»Gläubigen« (Laien) und die der »Vollkommenen«. Ein weiteres Indiz: auch wenn man die provenzalische Dichtung nicht, wie Denis de Rougemont, als chiffrierten Ausdruck des Katharertums betrachtet, ist der Einfluß dieser Bewegung auf die Konzeption der »höfischen Liebe« doch offensichtlich. Letztere negiert keines der beiden Zeichen: die zweideutige Verherrlichung des Ehebruchs und der Herzensdame, der Ritus des Betrachtens der Geliebten, die sich nackt zeigt, unter der Bedingung, daß man sie nicht berührt, sowie jene Art idealisierter *coitus reservatus*, wie ihn der *asang* darstellte, affirmieren *Körper* und *Nicht-Körper* zugleich.[9] Es konnte gar nicht anders sein: der eine lebt nicht ohne den anderen. Ihre Vereinigungen und Trennungen sind die Substanz der Erotik, das, was sie von der bloßen Sexualität unterscheidet. Es gibt keine Erotik ohne Bezug auf den *Körper*. Bloße Sexualität gibt es nicht zwischen den Menschen noch vermutlich zwischen den höheren Säugetieren. Sie ist ein menschlicher Mythos – und Realität zwischen den niederen Arten und den Pflanzen. Die Funktion der Erotik ist in allen Zivilisationen eine zweifache: einerseits ist sie Sublimierung und imaginäre Verwandlung der Sexualität und dient so dem *Nicht-Körper*; andererseits ist sie Ritualisierung und Aktualisierung der Bilder und dient so dem *Körper*. Der körperliche Ritus ist auf den *Nicht-Körper* bezogen, wie im Tantrismus zu sehen ist; das erotische

9 Der *asang* war eine der Stufen der »höfischen Liebe« und bestand darin, daß die Liebenden sich nackt zu Bett legten, ohne jedoch den Geschlechtsakt zu vollziehen. (Vgl. René Nelli, *L'Erotique des Troubadours*, Toulouse 1963.) Für Nelli handelt es sich dabei um eine Verlagerung und Läuterung der ritterlichen »Liebesprobe«. Nicht übersehen werden darf auch und vor allem der orientalische Einfluß, sei es vermittelt durch den katharischen Manichäismus oder über die Verbindung mit der arabischen Erotik.

Bild ist, wie wir alle durch eigene Erfahrung wissen, auf den *Körper* bezogen. Im Bild verliert der *Körper* seine körperliche Wirklichkeit; im Ritus verkörpert sich der *Nicht-Körper*. Die Beziehung zwischen den beiden Zeichen besteht immer, ob es sich nun um traditionelle Bilder und kollektive Riten oder um individuelle Phantasien und private Spiele handelt. Wenn daher die neue Sexualmoral tatsächlich des Bezuges zum *Nicht-Körper* ermangelt, so muß sie als Sehnsucht nach dem animalischen Leben, als Verzicht auf die menschliche Kultur und damit auf die Erotik interpretiert werden. Dem ist nicht so, wie man sehen wird. Es handelt sich um eine Moral: um einen neuen Versuch des *Nicht-Körpers*, sich in den Körper einzuschleichen, sein Bild aufzulösen und es in abstrakte Wirklichkeit zu verwandeln. Das Katharertum war die Aversion des Geistes gegenüber dem Körper; die neue Sexualmoral ist eine Perversion des Körpers durch den Geist.

Nicht weniger beunruhigend ist es, daß die Rebellion der Sinne die Form einer sozialen und politischen Forderung annimmt. Den Sexus in den Katalog der Menschenrechte aufnehmen ist ebenso paradox wie die Regelung des ehelichen Geschlechtsverkehrs durch die Normen der »rechten Regierung«. Es gibt jedoch einen Unterschied: die konfuzianische rechte Regierung zielte darauf ab, die Gesellschaft zu erhalten, und war auf eine zugleich natürliche und ideale Wirklichkeit bezogen: den Himmel und seinen Lauf *(T'ien tao)*; die Sexualität, als ein Recht verstanden, zielt darauf ab, die Gesellschaft zu verändern, und ist auf eine ausschließlich ideale, abstrakte Wirklichkeit bezogen. Wir fordern sexuelle Freiheit nicht im Namen des Körpers, der kein Rechtssubjekt ist, sondern im Namen einer idealen Entität: des Menschen. Die erotisch geprägten Bewegungen anderer Zivilisationen wie der späte Taoismus und der Tantrismus waren religiös; in anderen Fällen – die »höfische Liebe« und die romantische Leidenschaft sind die naheliegenden Beispiele – entstanden und bestanden sie in den Grenzen der Ästhetik, der Religion und der Philosophie. Im Okzident war die Erotik seit dem 18. Jahrhundert intellektuell und revolutionär. Die libertinen Philosophen waren in erster Linie Atheisten und Materialisten und erst in zweiter Linie Sensualisten und Hedonisten. Ihre Erotik war eine Konsequenz ihres Materialismus und ihres Atheismus, Bestandteil ihrer Polemik gegen die Unterdrückungsgewalt der Monarchie und der Kirche. Der Widerstreit zwischen den Zeichen *Körper* und *Nicht-Körper* verwandelte sich in eine Debatte, und der Kampf verlagerte sich aus dem Reich der Bilder, Symbole und Riten in das Reich der Ideen und Theorien. Der Übergang von der Religion zur Philosophie und von der Ästhetik zur Politik war der Beginn der Desinkarnation des Körpers. *Die 120 Tage von Sodom* sind eine Abhandlung revolutionärer Philosophie, nicht ein Handbuch der guten sexuellen Manieren wie das *Kāmasūtra* oder ein Führer zur Erleuchtung wie das *Tantra Hevajra.* Die Alten kannten die von Sade beschriebenen Praktiken, so daß das wirklich Neue nicht darin bestand, an ihre Existenz zu erinnern, sondern darin, sie in Meinungen zu verwandeln: sie hörten auf, Greuel oder sakrale Riten zu sein, entsprechend der jeweiligen Zivilisation, und verwandelten sich in Ideen.

Das neue Phänomen ist nicht die Erotik, sondern das Primat der Politik. In der Vergangenheit bekannte man sich zu religiösen und philosophischen Ideen, aber man hatte, strenggenommen, keine politischen Ideen. Der Grund: die Politik war keine Idee. Das öffentliche Handeln war Gegenstand von Moral oder Übereinkunft: eine Kunst, eine Technik oder eine heilige Pflicht, wie in der römischen Republik. All dies hatte wenig oder nichts zu tun mit der Auffassung von der Politik als Theorie. Anders als in der Vergangenheit ist unsere Politik von Grund auf Theorie: eine Sicht der Welt. Sades Erotik ist eine revolutionäre Philosophie, eine Politik: er führt die abweichenden Praktiken ins Treffen, so wie ein Redner die Beschwerden des Volkes gegen die Regierung aufzählt. Wohl war bei den Griechen die Politik eine zentrale Tätigkeit, das Attribut, das den Bürger nicht nur vom Sklaven, sondern auch vom Barbaren unterschied. Sie war jedoch keine Methode, um die Welt zu verändern. Ihre Finalität war individuell und kollektiv: es galt in erster Linie, durch die Tugendhaftigkeit des eigenen Beispiels zu überzeugen, sich durch geschickte Rhetorik vor den anderen auszuzeichnen und auf diese Weise Ruhm und Ansehen zu erringen und schließlich das Ideal des Bürgers zu verwirklichen; in zweiter Linie galt es, zur Gesundheit der *polis* beizutragen, welche Bedeutung man Gesundheit und *polis* auch geben mag: die Unabhängigkeit der Stadt oder ihr Reichtum, die Freiheit der Bürger oder ihr Glück. In keinem der beiden Fälle war die Politik eine Theorie. Die politischen Lehren Platons, Aristoteles' und der Stoiker sind keine Theorie der Welt, sondern die Projektion ihrer jeweiligen Theorien in den Bereich der Gesellschaft und des Staates. Für die Enzyklopädisten und später für Marx ist die Theorie nicht nur untrennbar von der Praxis, sondern sie selbst ist als Theorie schon Praxis, Einwirken auf die Welt. Die Theorie ist Politik, *weil sie Theorie ist.* In einer Gesellschaft wie der chinesischen, deren Streben vor allem auf die Erhaltung der gesellschaftlichen Ordnung und die Kontinuität der Kultur gerichtet ist – Bestrebungen, die nicht ausschließlich politischer Natur sind, wenn es auch den Anschein hat – war auch die Zensur ein kaiserliches Amt: der Thron ernannte Minister und Zensoren, so wie ein Gärtner gleichzeitig Dünger und Schere benutzt. Die Politik bildete einen Teil der Kosmologie (Gesetz des Himmels) und der Kunst des Kultivierens. In unserer Gesellschaft sind Wissenschaft und Kultur Ausdrucksformen der Klassen oder der Zivilisationen: sie sind Geschichte und, in letzter Instanz, Politik. Wenn ich sage, daß Politik für uns eine Sicht der Welt ist, so mache ich mich einer leichten Ungenauigkeit schuldig: unsere Vorstellung von der Welt ist keine Sicht, sondern ein Urteil, und damit auch Handeln, Praxis. Das Bild der Welt oder besser gesagt die *Vorstellung der Welt als Bild* hat einer anderen Vorstellung, einem anderen Bild Platz gemacht: dem Bild der revolutionären Theorie. Unsere Vorstellung von der Welt ist: *die Welt verändern*. Politik ist gleichbedeutend mit Revolution.

Die Chinesen konnten für die Übersetzung des Wortes Revolution keinen besseren Ausdruck finden als *ko-ming*.[10] *Ko-ming* bedeutet jedoch »Wechsel des Mandats« und, im weiteren Sinne, Wechsel der Dynastie. Welches Mandats? Nicht das des Volkes, sondern das des Himmels. Das Mandat des Himmels *(T'ien ming)* bedeutet, daß das Prinzip, das die Natur regiert *(T'ien tao)*, auf einen Fürsten übergegangen ist. Im *Buch der Geschichte* sagt Fürst Chou: »Der Himmel führte den Untergang der Yin-Dynastie herbei. Sie verlor das Mandat des Himmels, und es ging auf uns, die Chou, über. Ich wage jedoch nicht zu behaupten, daß unsere Nachfolger es bewahren werden.« Das Mittel zur Bewahrung des Mandats ist die konfuzia-

10 Vgl. Joseph R. Levenson, *Confucian China and its Modern Fate* (Zweiter Band), London 1964

nische Tugend. Nichts ist weiter entfernt von unseren demokratischen Vorstellungen, aber auch vom Grundsatz der Thronfolge durch das Gesetz des Blutes. Natürlich weckte diese Lehre Widerstand – nicht den der Philosophen des Volkswillens (die gab es nicht), sondern den der Apologeten der kaiserlichen Macht. Das alte China schuf, als Gegenpol zur unsozialen und individualistischen Haltung des Taoismus, eine Lehre, den Legalismus oder Realismus *(Fa-chia)*, der, höchst summarisch, folgendermaßen zusammengefaßt werden kann: da die Beziehung zwischen den Namen und den Wirklichkeiten, die sie bezeichnen (*hsing-ming:* Formen und Namen), sich wandelt und von den Umständen abhängt, findet die Theorie der unveränderlichen Gesetze des Himmels *(T'ien tao)* keine Anwendung auf die Kunst, die Menschen zu regieren; es obliegt dem Fürsten, jedem Namen eine eindeutige Bedeutung zu geben und entsprechend zu regieren: indem er definiert, was gut und was schlecht ist, was dem Staat nützt und was ihm schadet, kann er sichere Belohnungen und Bestrafungen anwenden. So ermahnt Han Fei Tzu seinen Herrn: »Entsage dem Wohlwollen von Yen (legendäre Monarchie) und vergiß die Weisheit von Tzu-Kung (Schüler von Konfuzius). Bewaffne die Staaten Hsü und Lu, bis daß sie einem Heer von zehntausend Streitwagen die Stirn bieten können. Dann werden die Staaten Ch'i und Ching mit ihnen nicht mehr nach ihrem eigenen Gutdünken verfahren können, wie sie es jetzt tun.«[11] Damit wurde die Autorität der Tradition – die unveränderliche Bedeutung der Namen – und mit ihr auch die

11 Han Fei Tzu, *Basic Writings*, übersetzt von Burnon Watson, Columbia University Press, 1966. Siehe auch: Arthur Waley, *Three Ways of Thought in Ancient China*, London 1939. Dt.: *Lebensweisheit im alten China*, Frankfurt 1974

Theorie vom Mandat des Himmels in Frage gestellt: die Autorität hat keinen anderen Ursprung als den Fürsten, den unumschränkten Herrn über Namen, Belohnungen und Bestrafungen. Hingegen verkündet die Lehre vom Mandat des Himmels, daß die Namen und Bedeutungen unveränderlich sind: was wechselt, sind die Fürsten. Wenn die Theorie auch den Wechsel der Regierung rechtfertigt und sogar den tugendhaften Mann verpflichtet, den Fürsten zu töten, der gegen sein Mandat verstößt, so verbietet sie doch gleichzeitig den Wechsel des Systems. Levenson kommentiert: »*T'ien ming* doctrine really was an expression of conflict with the emperor, though a burocratic, not a democratic expression ... a defence of gentry-literary in their conflict-collaboration with the emperor in manipulating the state.« Das genaue Gegenteil der Theorie Saint-Justs: die Hinrichtung Ludwig XIV. zielte vor allem darauf ab, das monarchische Prinzip tödlich zu treffen.

Im Okzident bedeutet Revolution nicht nur Wechsel des Systems (und nicht der Regierung), sondern mehr, etwas noch nie Dagewesenes: Veränderung der menschlichen Natur. In der christlichen Gesellschaft des Mittelalters wie auch in anderen Gesellschaften war die Veränderung des Menschen ein religiös bestimmter Vorgang; nicht einmal die Philosophen, mit Ausnahme religiöser Philosophien wie der Platons, wagten sich in diesen Bereich vor. Bei seinem Niedergang trat das Christentum jedoch die traditionelle Aufgabe aller Religionen an die revolutionären Parteien ab: die Gnade und die Sakramente sind jetzt nicht mehr die Träger der Veränderung. Diese Verlagerung geht mit einer anderen einher, die im Bereich der Kunst und der Dichtung stattfindet. In der Vergangenheit war die Zelebrierung oder Verdammung des Lebens erstes und letztes Ziel der Kunst; seit den deutschen Romantikern und, in stärkerem Maße, seit Rimbaud ist die Dichtung jedoch entschlossen, *das Leben zu verändern*. Soziale Revolution und revolutionäre Kunst verwandeln sich in religiöse Unternehmungen oder zumindest in Unternehmungen, welche die Alte Welt stets in den Zuständigkeitsbereich der Religion verwiesen hatte. Bei der Verteilung der Überreste der Religion erhielt die Revolution die Ethik, die Erziehung, das Recht und die öffentlichen Institutionen: den *Nicht-Körper*. Die Kunst, die Symbole, die Zeremonien, die Bilder: all das, was ich die Verkörperung der Bilder genannt habe und was der sublimierte, wiewohl sinnlich faßbare Ausdruck des Zeichens *Körper* ist.

Als ein Teil der allgemeinen Veränderung hat sich die Rebellion der Sinne einerseits als soziale Forderung, andererseits als poetische Rebellion Ausdruck verschafft. Und das heißt: Verschmelzung der Poesie mit der philosophisch-moralischen Revolte und mit der Erotik im Sinne der Romantik und des Surrealismus. Dies ist eine der Facetten – genauer gesagt, der Wurzeln – der Ambivalenz der modernen Kunst, die beständig zerrissen ist zwischen dem Ausdruck des Lebens, ob sie es nun feiert oder verdammt, und der Veränderung dieses Lebens. Die Künstler und Dichter der Moderne trafen sich mit den Revolutionären im Werk der Zerstörung der alten Bilder der Religion und der Monarchie, aber bei der Ersetzung dieser Symbole durch bloße ideologische Abstraktionen konnten sie ihnen nicht folgen. Die Krise beginnt mit den deutschen Romantikern, die gespalten sind zwischen ihrer anfänglichen Sympathie für die Französische Revolution und ihrem körperlichen und analogischen Idealismus. Wir verdanken Novalis einige der glänzendsten Maximen über die Erotik und die Beziehungen zwischen dem Körper des Menschen und dem des Kosmos: zugleich ist er der Verfasser einer der reaktionärsten Abhandlungen jener Epoche: *Die Christenheit oder Europa*. Dieser Konflikt ist nicht etwa schwächer geworden, sondern hat sich in den letzten fünfzig Jahren noch verschärft. Es ist kaum nötig, an das Drama des Surrealismus, Majakowskis Selbstmord oder das moralische Martyrium César Vallejos zu erinnern. Als der peruanische Dichter, mitten im »Engagement« für den Kommunismus, die »bolschewistischen Bischöfe« abkanzelt, wirft er ihnen nicht so sehr ihre arrogante und sektiererische Funktionärsideologie vor als vielmehr die Tatsache, daß sie nicht in der Lage waren, die Idee proletarischer Brüderlichkeit in eine wirkliche Kommunion zu verwandeln: ein Ritus ohne Götter, aber mit Sakramenten. Sehnsucht nach dem in der Eucharistie verkörperten Symbol.

Die beiden Revolutionen des Okzidents, die französische und die russische[12], inthronisierten das Zeichen *Nicht-Körper*, das sich in beiden Fällen in einen Agenten der Revolution und Pädagogen der Gesellschaft verwandelte. So konnte es die Rebellion der Sinne sublimieren und moralisieren. In seinen radikalsten Ausformungen verwandelte es diese Rebellion in den Kampf für die erotischen Rechte, sei es der Frau oder der sexuellen Minderheiten. In seinen gemäßigten Ausdrucksformen kanalisierte es sie: Förderung der Sexualerziehung und der Hygiene, Einführung einer rationaleren Gesetzgebung in bezug auf die monogame Ehe und Verabschiedung von

12 Sind es jedoch wirklich zwei, oder ist die sowjetische nicht vielmehr nur die russische Version der bürgerlichen Revolution, so wie Iwan der Schreckliche und Peter der Große es in bezug auf den Absolutismus und den europäischen Nationalstaat waren?

Scheidungsgesetzen, Abschaffung der barbarischen Strafen für sexuelle Abweichungen und andere Reformen dieser Art. Nichts davon war oder ist das, was die verzweifelten Sinne verlangen: sie verlangen Bilder, Symbole, Riten. Imaginäre und dennoch reale Formen unserer Wünsche und Obsessionen; Zeremonien, in denen diese Bilder am Ende Körper werden, ohne aufzuhören, Bilder zu sein. Der neue Materialismus behauptet mit der gleichen Emphase wie die alten Religionen, daß er den Schlüssel zum Universum besitzt. Es ist möglich, daß er ihn besitzt, aber sicher ist auch, daß er es nicht vermocht hat, uns ein Bild von dieser Welt oder von den anderen zu geben. Sein Universum hat keinen Körper, und seine Materie ist abstrakt und körperlos wie eine Idee. Seine Wissenschaft sagt uns, wie die Geschlechtsorgane funktionieren, und hat uns mehr darüber gelehrt als sämtliche Kāmasūtras oder Bücher vom Bett. Aber er hat uns keine Erotik gegeben: in seinen Handbüchern wurden die Wörter Lust und Imagination durch Orgasmus und Gesundheit ersetzt. Seine Rezepte sind technisch und dienen dazu, die Zeugungskraft zu erhalten, die Geburt der Kinder zu regeln, unsere Psyche von den Spinnweben der Angst zu säubern, die Gespenster von Vater und Mutter zu exorzieren. Sie lehren uns, normal zu sein, nicht, uns zu verlieben und leidenschaftlich zu sein. Nichts ist weiter entfernt von einer Kunst des Liebens. Indem man uns erklärt, wie der Körper beschaffen ist und wie er funktioniert, hebt man sein Bild auf. Dazu kommt der Erfolg des Sports, der Verwirrung gestiftet hat zwischen Kraft und Schönheit, körperlicher Geschicklichkeit und erotischer Weisheit. Die Reaktion der heutigen Jugend, mit ihrer Vorliebe für auffällige Kleidung, phantastischen Schmuck, dekadente oder wilde Frisuren, Schminke und sogar Schmutz ist nicht verwunderlich. Es ist besser, schlecht zu riechen, als das Kölnisch Wasser aus der Fernsehwerbung zu benutzen . . . Graue Freiheit der Industriegesellschaft, falsche Freiheit, die aus der Leidenschaft eine Hygiene macht. Die Körperpositionen im Kāmasūtra heben sich von einer imaginären Landschaft ab, dem konventionellen »Dekor« der *kāvya*-Dichtung; der Hintergrund der Beschreibungen der heutigen Erotologie ist flach, wenn nicht gar makaber.

Aber nicht alles ist Hygiene und »Komfort« in der entwickelten Industriegesellschaft. Nicht nur daß Phantasie und Wollust fehlen – es gibt auch die Degradierung des Körpers. Die Wissenschaft hat ihn auf eine Reihe molekularer und chemischer Verbindungen reduziert; der Kapitalismus auf einen Gebrauchsgegenstand wie die anderen, die von der Industrie produziert werden. Die bürgerliche Gesellschaft hat die Erotik in drei Bereiche geteilt: einen, der gefährlich ist und vom Strafgesetzbuch regiert wird, einen, der dem Ministerium für öffentliche Gesundheit untersteht, und einen dritten, der von der Vergnügungsindustrie beherrscht wird. Der Orgasmus ist das universelle Ziel – ein Produktionsziel von vielen und flüchtiger und vergänglicher als die anderen. Die protestantische Ethik sublimierte das Exkrement; der Kapitalismus hat das Prinzip der rationellen Produktion in den Bereich der Erotik eingeführt. In den kommunistischen Ländern hat die alte christliche Moral einer Art Neu-Konfuzianismus Platz gemacht, der weniger gelehrt und dumpfer ist als der der Ch'ing. Wenn ich vom sowjetischen Puritanismus spreche, dann beziehe ich mich auf die relativ tolerante, von Chruschtschow eingeleitete Periode. Zu Stalins Zeiten erlebte das System eine Zeit des Schreckens, der nicht weniger irrational war als der des *Zufalls*: die politische

Abweichung. Nur daß der Schrecken des Zufalls bislang eher psychologischer Art war, während der Schrecken der Abweichung direkt den Weg der Tatsachen beschritt: wie viele Millionen starben in den »Arbeits- und Umerziehungslagern« und bei der Kollektivierung, ganz zu schweigen von der Million, die während der Säuberungen hingerichtet wurde? Es ist nötig, von Zeit zu Zeit daran zu erinnern, weil der Mensch – vor allem der intellektuelle und besonders der linksintellektuelle, der in die Systeme verliebt ist – ein Wesen mit schwachem Gedächtnis ist. Die erste Regel einer wahrhaft freien Erziehung bestünde darin, den Kindern eine Abneigung gegen alle Doktrinen »obligatorischen Glücks« einzuflößen. Ihre Paradiese sind mit Richtstätten übersät ... Nicht zufrieden damit, sich die neutralen Mittel der Wissenschaft zu eigen zu machen und die effizienten Methoden der industriellen Serienproduktion auf die Sexualität anzuwenden, kleidet sich das Zeichen *Nicht-Körper* in der ersten Hälfte des 20. Jahrhunderts wieder in seine alte Henkerstracht und hält Einzug in die Politik, als Exekutor des Dritten Reiches auf der einen Seite, als Volkskommissar auf der anderen.

Von den Götzendienern des Überflusses und den Revolutionären verfolgt, hat das Zeichen *Körper* sich in die Kunst geflüchtet. Die Reste des Körpers: eine Form, durch Repression und Zorn entstellt, durch Schuldgefühl und Ironie gemartert. Die Deformationen der menschlichen Gestalt waren in der Kunst der Vergangenheit ritueller Natur; in der unseren sind sie ästhetisch oder psychologisch. Ein Beispiel für ersteres: der aggressive Rationalismus des Kubismus; und für letzteres: die nicht minder aggressive Emotivität des Expressionismus. Es ist die Subjektivität, die, rational, sentimental oder einfach ironisch, jedoch stets schuldig, sich rächt. Dabei vergesse ich nicht, daß es seit Rousseau und Blake eine verborgene Strömung der Verherrlichung des Körpers gibt, die bis in unsere Tage reicht; ebensowenig vergesse ich, daß sie jedes Mal, wenn sie an der Oberfläche der Geschichte erscheint, von der herrschenden Ethik-Ästhetik unterdrückt oder absorbiert wird. In Wirklichkeit hat die zeitgenössische Kunst uns kein Bild des Körpers geschenkt: diese Aufgabe haben wir den Modeschöpfern und Werbefachleuten überlassen. Natürlich ist dies nicht ein Versagen der gegenwärtigen Kunst, sondern ein Mangel unserer Gesellschaft. Die Kunst enthüllt, preist oder heiligt das Bild des Körpers, das jede Zivilisation erfindet. Besser gesagt: das Bild des Körpers wird nicht erfunden, es entwickelt sich, löst sich wie eine Frucht oder ein Kind vom Körper der Welt. Das Bild des Körpers ist das Doppel des kosmischen Körpers, die menschliche Antwort auf den universalen, nichtmenschlichen Archetyp. Jede Zivilisation hat den Körper unterschiedlich gesehen, weil jede Zivilisation eine unterschiedliche Vorstellung von der Welt hatte. Körper und Welt liebkosen einander oder zerreißen sich, spiegeln sich wider oder negieren sich: die Jungfrauen der Kathedrale von Chartres lächeln, wie auch die kretischen Mädchen lächeln, doch ihr Lächeln ist ein anderes: sie lächeln über eine andere Welt – die andere Welt. Ebenso verhält es sich mit der nachdenklichen Haltung des mächtigen Bodhisattva in Mathura oder dem zerfetzten Weiß von Mantegnas Heiligem Sebastian, der mit Pfeilen bedeckt ist. Das Universum verdoppelt sich im Körper, der sein Spiegel ist und sein Geschöpf. Unsere Epoche ist kritisch: sie zerstörte das alte Bild der Welt und schuf kein neues. Deshalb haben wir keinen Körper. Kunst der Entkörperung wie bei Mallarmé, oder erheiternde und schaudererregende Kunst wie in der Malerei von Marcel Duchamp. Das letzte Bild der christlichen Jungfrau, der Herzensdame der Provenzalen und der Großen Göttin der Mediterranen ist *La Mariée mise à nu par ses célibataires, même*. Das Bild ist in zwei Teile geteilt: oben die Göttin, in einen Motor verwandelt; unten ihre Anbeter, ihre Opfer und ihre Liebhaber – nicht Aktäon, nicht Adonis, nicht Mars, sondern neun Puppen: uniformierte Polizisten, Hotelportiers, Pfarrer. Der Samen, die Lebenssubstanz der Taoisten, verwandelt in eine Art erotisches Benzin, das sich entzündet, *bevor* der Körper der Braut berührt wird. Vom Ritus zum elektrischen Spielzeug: eine infernalische Posse.

Die Idee der Revolution war die große Erfindung des Okzidents in seiner zweiten Phase. Die vergangenen Gesellschaften kannten keine wirklichen Revolutionen, sondern *ko-ming*, Wechsel des Mandats und der Dynastie. Abgesehen von diesen Veränderungen erlebten sie tiefgreifende Umwandlungen: Religionen entstanden, starben und entstanden neu. Auch darin ist unsere Epoche einzigartig. Wenn diese zweite Phase des Okzidents sich ihrem Ende nähert, wie viele behaupten und wie es uns auch die Wirklichkeit lehrt, in der wir leben, dann ist das deutlichste Zeichen des nahen Endes, was Ortega y Gasset einmal prophetisch den »Niedergang der Revolutionen« genannt hat. Es ist wahr, daß wir noch nie so viele gehabt haben; und ebenso wahr ist es, daß keine von ihnen in die westliche Vorstellung dessen paßt, was eine Revolution ist. Das ist entscheidend, denn zugleich hat auch keine andere Gesellschaft die Revolution zu ihrem zentralen Ziel gemacht. Wie die ersten Christen, die auf die Apokalypse warteten, erwartet die moderne Gesellschaft seit 1840 die Ankunft der Revolution. Und die Revolution kommt: nicht die erwartete, sondern eine andere, stets eine andere. Angesichts dieser unerwarteten und dazu noch enttäuschenden Realität spekulieren die Theologen und versuchen nach Art der konfuzianischen Mandarine zu beweisen, daß das Mandat des Himmels (die Idee der Revolution) sich gleich bleibt: der Fürst (die konkrete Revolution) ist lediglich des Mandats unwürdig. Nur gibt es einen Moment, an dem die Menschen aufhören, an die Spekulationen der Theologen zu glauben. Genau das hat in der zweiten Hälfte unseres Jahrhunderts begonnen. Heute erleben wir den Ausgang dieser Entwicklung: Revolution kontra Revolution. Es handelt sich um keine reaktionäre Bewegung, noch ist sie von Washington beeinflußt: es ist die Revolte der unterentwickelten Völker und die Revolte der Jugend in den entwickelten Ländern. In beiden Fällen wurde die Idee der Revolution in ihrem Kern angegriffen, ebenso oder mehr noch als die konservative Idee der Ordnung.

Ich habe mich an anderer Stelle mit einem Phänomen beschäftigt, das man nicht anders nennen kann als »das Ende der revolutionären Epoche des Okzidents«.[13] Ich möchte hier nur wiederholen, daß die Idee der Revolution, im engen Sinn dieses Wortes, wie es durch das moderne Denken definiert wurde, sich in der Krise befindet, weil ihre Wurzeln selbst, ihre Grundlage ebenfalls, in der Krise sind: die lineare Auffassung der Zeit und der Geschichte. Das moderne Zeitalter säkularisierte die christliche Zeit, und von der zeitlichen Trias – Vergangenheit, Gegenwart, Zukunft – krönte es letztere als die Kraft, die unser Leben und unsere Geschichte regiert. Seit dem 18. Jahrhundert herrscht in der westlichen Zivilisation die Zukunft. Heute erschöpft sich diese Vorstellung der Zeit: wir erleben den Verfall der Zukunft. Aus diesem Grund ist

13 *Corriente alterna* (dritter Teil: *Revuelta, revolución, rebelión.*) Mexico 1967. Dt., in Auszügen, *Essays 1 (Zweierlei Vernunft)*, Frankfurt 1979

es ein Irrtum, wenn man die sozialen Unruhen der Gegenwart als Ausdruck des (vorgeblichen) revolutionären Prozesses betrachtet, auf den man die Geschichte gegründet hat. Auch wenn diese Unruhen außerordentlich heftig waren und in Zukunft wahrscheinlich noch heftiger sein werden, entsprechen sie in keiner Weise den Ideen, die Vertreter der unterschiedlichsten Richtungen, von Chateaubriand bis Trotzki, darüber ausgearbeitet haben, was eine Revolution ist oder sein soll. Im Gegenteil, all diese Umwälzungen, angefangen bei der russischen bis hin zu denen in China und Kuba, widerlegen die Voraussagen der Theorie: keine von ihnen hat dort stattgefunden, wo sie hätte stattfinden sollen, noch waren ihre Protagonisten diejenigen, die es hätten sein sollen. Perverse Hartnäckigkeit der Realität: andere Orte, andere Klassen und gesellschaftliche Kräfte, andere Ergebnisse. Unabhängig von ihrer letztlichen Bedeutung widerlegen diese Ereignisse die lineare Auffassung der Geschichte, jene Vorstellung der Menschheitsgeschichte als eines Prozesses, dem eine Logik innewohnt, mit anderen Worten: als eines wahren *Diskurses*.

Die Idee des Prozesses impliziert, daß die Dinge, eines nach dem anderen, aufeinanderfolgen, entweder in Sprüngen (Revolution) oder in graduellen Veränderungen (Evolution). Prozeß ist gleichbedeutend mit Fortschritt, weil man davon ausgeht, daß jede Veränderung sich über kurz oder lang in einem Fortschreiten ausdrückt. Beide Ereignisformen, die revolutionäre und die evolutionäre, entsprechen einer Sicht der Geschichte als Bewegung zu etwas hin, von dem man nicht genau weiß, wo es ist, nur daß dieses *Dort* besser ist als das *Hier* und daß es in der Zukunft liegt. Die Geschichte als unaufhörliche, endlose Kolonisierung der Zukunft. Es ist etwas Infernalisches in dieser optimistischen Sicht der Geschichte: in Wirklichkeit ist die Philosophie des Fortschritts eine Theorie der Verdammung des Menschen, dessen Strafe es ist, ewig unterwegs zu sein, wohl wissend, daß er niemals an sein letztes Ziel gelangen wird. Die Wurzeln dieser Denkweise reichen tief in das jüdisch-christliche Schuldgefühl, und ihr mythisches Gegenstück ist die Vertreibung aus dem ursprünglichen Paradies, wie die Bibel sie erzählt. Im Garten Eden leuchtete eine makellose Gegenwart; in den Einöden der Geschichte ist die einzige Sonne, die uns führt, die fliehende Zukunft. Subjekt dieser unaufhörlichen Wanderung ist nicht eine Nation, eine Klasse oder eine Zivilisation, sondern eine abstrakte Entität: die Menschheit. Da das geschichtliche Subjekt »Menschheit« der Substanz entbehrt, tritt es niemals in Person auf: es handelt durch seine Repräsentanten, dieses oder jenes Volk, diese oder jene Klasse. Persepolis, Rom oder New York, die Monarchie oder das Proletariat *repräsentieren* die Menschheit in dem einen oder anderen Augenblick der Geschichte, so wie ein Abgeordneter seine Wähler vertritt – oder ein Schauspieler seine Rolle präsentiert. Die Geschichte ist ein Theater, in dem eine einzige Person, die Menschheit, sich in viele teilt: Diener, Herren, Bürger, Mandarine, Geistliche, Bauern, Arbeiter. Das unzusammenhängende Geschrei löst sich auf in einen rationalen Dialog und dieser in einen philosophischen Monolog. Die Geschichte ist Diskurs. Die Revolten des 20. Jahrhunderts haben jedoch sowohl die Regeln der dramatischen Handlung als auch die der Repräsentation verletzt. Zum einen: unvorhergesehene Einbrüche, welche die geschichtliche Linearität umstoßen; was sich hätte ereignen müssen, hat sich nicht ereignet, und was später hätte geschehen müssen, geschieht jetzt; zum anderen: wenn die chinesischen

Bauern oder die lateinamerikanischen Revolutionäre heute die Repräsentanten des Subjekts »Menschheit« sind, wen oder was repräsentieren dann die nordamerikanischen und europäischen Arbeiter, ganz zu schweigen vom russischen Proletariat? Die einen wie die anderen, Ereignisse wie Akteure, strafen den Text des Stückes Lügen. Sie schreiben einen anderen Text – sie erfinden ihn. Die Geschichte wird zur Improvisation. Ende des Diskurses und der rationalen Lesbarkeit.

Den Brüchen der linearen Ordnung entspricht, was man *die Umkehrung der geschichtlichen Kausalität nennen könnte*. Ich werde ein Beispiel anführen. Man glaubte, daß die Revolution Folge des unauflösbaren Widerspruchs zwischen den vom Kapitalismus geschaffenen Produktivkräften und den kapitalistischen Eigentumsformen sei. Der Grundwiderspruch war: gesellschaftliche Industrieproduktion/kapitalistisches Privateigentum. Dieser reale, materielle Widerspruch konnte formuliert werden als logische Dichotomie zwischen der Vernunft (gesellschaftliche Industrieproduktion) und der Unvernunft (kapitalistisches Privateigentum). Der Sozialismus wäre dann ein Ergebnis der ökonomischen Entwicklung des industriellen Zeitalters und, zugleich, der Sieg der Vernunft über die Irrationalität des kapitalistischen Systems. Die Notwendigkeit (die Geschichte) besaß die Strenge der Logik, war verkörperte Vernunft. Gleichzeitig fielen Geschichte und Vernunft mit der Moral zusammen: Sozialismus war Gerechtigkeit. Und endlich: Geschichte, Vernunft und Moral lösten sich auf in Fortschritt. Die modernen Revolten, einschließlich der russischen, waren jedoch nicht Folge der ökonomischen Entwicklung, sondern vielmehr des Fehlens von Entwicklung. Keine von ihnen brach aus, weil es einen unlösbaren Widerspruch gab zwischen dem

System der industriellen Produktion und den kapitalistischen Eigentumsformen. Im Gegenteil: in diesen Ländern durchlebte dieser Widerspruch seine Anfangsphase und war daher gesellschaftlich und historisch produktiv. Die Ergebnisse dieser Bewegungen waren ebenfalls paradox. In Rußland (ich bediene mich des sowjetischen Beispiels, weil es das deutlichste ist) vollzog man den Sprung aus dem beginnenden Industriekapitalismus in ein System des Staatseigentums. Durch Überspringen der Phase des freien Wettbewerbs vermied man Arbeitslosigkeit, Monopolbildungen und andere Mißstände des Kapitalismus. Gleichzeitig überging man buchstäblich das politische und gesellschaftliche Gegenstück des Kapitalismus: die freien Gewerkschaften und die Demokratie. Also war der Sozialismus, wenn er keine Folge der Entwicklung war, eine Methode, sie voranzutreiben. Deshalb blieb ihm keine andere Wahl, als das eherne Gesetz der Entwicklung zu akzeptieren: Sparen, Kapitalakkumulation (schamhaft »Akkumulation des sozialistischen Kapitals« genannt). Jede Akkumulation geht einher mit der Enteignung des Mehrwerts und der Ausbeutung der Arbeiter; der Unterschied zwischen kapitalistischer und »sozialistischer« Akkumulation bestand darin, daß im ersten Fall die Arbeiter sich zusammenschließen und sich wehren konnten, während sie im zweiten infolge des Fehlens demokratischer Institutionen in aller Freiheit von ihren »Repräsentanten« ausgebeutet wurden (und werden). Der Sozialismus, der aufgehört hatte, gleichbedeutend mit geschichtlicher Vernunft zu sein, hat ebenfalls aufgehört, gleichbedeutend mit Gerechtigkeit zu sein. Er hat seine philosophische Würde und seinen moralischen Nimbus verloren. Die sogenannten »Gesetze der Geschichte« haben sich in nichts aufgelöst. Und was das beste und ergiebigste dieser Beispiele, nämlich Kuba, betrifft, so ist die Revolte dort keine Tochter der geschichtlichen Vernunft, sondern ein Versuch der Vernunft (Moral), die Irrationalität der Geschichte zu bezwingen . . . Die dem geschichtlichen Prozeß innewohnende Rationalität erweist sich am Ende als ein Mythos mehr. Besser gesagt: als eine Variante des Mythos von der linearen Zeit.

Die lineare Geschichtsauffassung postuliert dreierlei. Erstens die Einheit der Zeit: eine Gegenwart, die unaufhörlich der Zukunft entgegeneilt. Zweitens einen einzigen Ablauf: die Weltgeschichte, ob man sie nun als Manifestation des Absoluten in der Zeit, als Ausdruck des Klassenkampfes oder irgendeiner anderen ähnlichen Hypothese betrachtet. Drittens das fortwährende Wirken einer ebenfalls einzigen Person: der Menschheit und ihrer aufeinanderfolgenden, vergänglichen Masken. Die Revolten und Rebellionen des 20. Jahrhunderts haben offenbart, daß die Person der Geschichte pluralisch ist und nicht auf den Begriff des Klassenkampfes oder die fortschreitende, lineare Aufeinanderfolge von Zivilisationen (die Ägypter, die Griechen, die Römer usw.) reduziert werden kann. Die Vielzahl der Protagonisten hat überdies erkennen lassen, daß der Verlauf der Geschichte ebenfalls pluralisch ist: nicht eine einzige Linie, sondern viele, und nicht alle sind gerade. Vielzahl der Personen und Vielzahl der Zeiten, die unterwegs sind zu vielen *dort*, von denen nicht alle in einer Zukunft liegen, die sich verflüchtigt, kaum daß wir sie berühren. Der Verfall der Zukunft ist ein Phänomen, das naturgemäß dort in Erscheinung tritt, wo sie wie eine wahre Sonne strahlt: in der modernen westlichen Gesellschaft. Zwei Beispiele dieses Niedergangs: die Krise des Begriffs der *Avantgarde* im Bereich der Kunst und der heftige Einbruch der Sexualität. In der Kunst ist die extreme Form der Modernität die Zerstörung des Objekts; diese Tendenz, die als Kritik des Begriffs »Kunstwerk« begann, kulminiert jetzt in einer Negation des Begriffs der Kunst selbst. Der Kreis schließt sich, die Kunst hört auf, »modern« zu sein: sie ist die Gegenwart eines Augenblicks. Was die Sexualität und die Zeit betrifft: der Körper hat niemals an den Fortschritt geglaubt, seine Religion ist nicht die Zukunft, sondern das Heute. In vielen Bereichen der Sensibilität taucht heute die Gegenwart als der zentrale Wert auf: wir haben es mit einem allgegenwärtigen Phänomen zu tun. Und doch tritt es am deutlichsten in der Revolte der Jugendlichen zutage. Wenn die Revolte der unterentwickelten Nationen die Voraussagen des revolutionären Denkens über die Logik der Geschichte und über das universale geschichtliche Subjekt unserer Zeit (das Proletariat) negiert, dann zerstört die Jugendrevolte das Primat der Zukunft und bringt die Voraussetzungen sowohl des revolutionären Messianismus als auch des liberalen Evolutionismus ins Wanken: was die Jugendlichen leidenschaftlich bewegt, ist nicht der Fortschritt der Menschheit genannten Entelechie, sondern die Verwirklichung jeder konkreten menschlichen Bestimmung, hier und jetzt. Der universelle Charakter der Jugendrevolte ist das eigentliche Zeichen der Zeit: *das Kennzeichen der Veränderung der Zeit*. Gewiß, dieser universelle Charakter darf uns nicht vergessen lassen, daß die Jugendbewegung in jedem Land einen anderen Inhalt hat: Negation der Überflußgesellschaft und Widerstand gegen Imperialismus, Rassendiskriminierung und Krieg in den Vereinigten Staaten und in Westeuropa; Kampf für eine demokratische Gesellschaft, gegen die Unterdrückung der kommunistischen Bürokratien und die sowjetische Einmischung in den »sozialistischen« Ländern

Osteuropas; Widerstand gegen den Yankee-Imperialismus und die lokalen Diktatoren in Lateinamerika.[14] Diese Unterschiede – sowie andere, die ich unerwähnt lasse, weil sie nicht zur Sache gehören – überlagern jedoch nicht die entscheidende Tatsache: Grundtenor der Jugendrevolte ist die Infragestellung der moralischen und gesellschaftlichen Institutionen und Systeme der westlichen Welt. Diese Institutionen und Systeme bilden das, was man, im Unterschied zum Mittelalter, das *Zeitalter der Moderne* nennt. Sie alle sind Kinder der linearen Zeit, und sie alle werden heute negiert. Die Negation kommt nicht

14 In Mexiko weist die Jugendrevolte jedoch andere Merkmale auf als in den übrigen Ländern Lateinamerikas. Hier ging es in erster Linie um eine Reform des politischen Systems, das vor etwa vierzig Jahren, nach der gewaltsamen Phase unserer Revolution, von der Revolutionären Nationalen Partei instauriert wurde, die heute bezeichnenderweise den Namen Institutionelle Revolutionäre Partei (PRI) trägt. Die Gründung dieser politischen Gruppierung gehorchte einem Kompromiß zwischen den Erfordernissen der ökonomischen Entwicklung und dem demokratischen Programm der revolutionären Bewegung. Dieser Kompromiß mochte ursprünglich nötig gewesen sein; heute ist er es nicht mehr. Ja, er hat sich nachgerade in ein Hindernis für die friedliche Entwicklung des Landes verwandelt. Das PRI-Regime zwingt einen »Ausnahmezustand« – die Diktatur einer einzigen Partei – in einer Situation der Normalität auf. Eingebettet in das gemischtwirtschaftliche, kapitalistische System des Landes, spielt die politische Bürokratie Mexikos die Rolle eines Monopols und eines Usurpators der politischen und ökonomischen Macht, die, bis zu einem gewissen Grad, der der kommunistischen Bürokratien Osteuropas analog ist, die der staatlichen Wirtschaft eingepflanzt sind. Die Krise des mexikanischen Regimes begann vor mehr als zehn Jahren und mündete in die erzwungene Stagnation der Nation beziehungsweise in eine Veränderung, die den bemerkenswerten wirtschaftlichen Fortschritt ausgleicht durch den sehr viel weniger bemerkenswerten Fortschritt in der gesellschaftlichen Verteilung des Reichtums und den nicht existierenden Fortschritt im Bereich der politischen Partizipation. Letztere wollte die mexikanische Studentenbewegung in Gang setzen.

aus der Vergangenheit, sondern aus der Gegenwart. Die doppelte Krise – die des Marxismus und die der Ideologie des liberalen und demokratischen Kapitalismus – hat die gleiche Bedeutung wie die Revolte der unterentwickelten Länder und die Revolte der Jugend: in beiden offenbart sich das Ende der linearen Zeit.

Dem Niedergang der Revolutionsidee entspricht die Schnelligkeit, mit der sich die revolutionären Bewegungen, im Unterschied zu den alten Religionen, in starre Systeme verwandeln. Die beste Definition dieses Prozesses, die ich kenne, stammt von einem Guerilla-Kämpfer aus Michoacán: »Alle Revolutionen verkommen zu Regierungen.« Die Lage des anderen Erben des Christentums, der Kunst, ist nicht besser. Ihre Hinfälligkeit ist jedoch nicht Folge der unduldsamen Strenge eines Systems, sondern der Promiskuität von Tendenzen und Manieren. Die Kunst lebt dank ihrer angeborenen Krankheit und stirbt an ihr: dem Stil. Es gibt keine Kunst, die keinen Stil hervorbringt, und es gibt keinen Stil, der die Kunst am Ende nicht vernichtet. Indem sie die Idee der Revolution in die Kunst einführte, hat unsere Epoche eine Vielzahl von Stilen und Pseudostilen geschaffen. Diese Fülle löst sich auf in eine andere Fülle: die der Stile, die verschwinden, kaum daß sie aufgetaucht sind. Die Schulen vermehren und verbreiten sich wie eine schwammige Wucherung, bis gerade ihre Fülle am Ende die Unterschiede zwischen den verschiedenen Richtungen verwischt; die Bewegungen sind ephemer, sie dauern nur einige Stunden; die Ästhetik der Neuheit, der Überraschung und des Wandels löst sich auf in Imitation, Langeweile und Wiederholung . . . Was bleibt uns? Zuallererst die Waffe der Todgeweihten: der Humor. Wie der jenes irischen Dichters, Patrik Kavenagh, der zu dem ihn untersuchenden Arzt sagte: »I'm afraid I'm not going to die . . .« Uns bleibt, den Tod zu verspotten und ihn auf diese Weise zu bannen. Uns bleibt, wieder von neuem zu beginnen.

Was mich an der Jugendrevolte begeistert, ist nicht so sehr die großherzige, wenn auch verworrene Politik als das Wiederauftauchen der Leidenschaft als einer magnetischen Realität. Wir haben es nicht mit einer neuen Rebellion der Sinne zu tun, trotz der Tatsache, daß die Erotik dabei nicht fehlt, sondern mit einer Explosion der Emotionen und der Gefühle. Eine Suche des Zeichens *Körper* nicht als Chiffre der Lust (obgleich wir uns nicht fürchten dürfen vor dem Wort Lust: es ist in allen Sprachen schön), sondern als Magnet, der alle uns innewohnenden widersprüchlichen Kräfte anzieht. Punkt der Versöhnung des Menschen mit den anderen und mit sich selbst; zugleich Ausgangspunkt, über den *Körper* hinaus, zum Anderen hin. Die Jugendlichen entdecken die Werte, die so unterschiedliche Gestalten wie Blake und Rousseau, Novalis und Breton entflammten: Spontaneität, Negation der künstlichen Gesellschaft und ihrer Hierarchien, Brüderlichkeit nicht nur mit den Menschen, sondern auch mit der Natur, Fähigkeit, sich zu begeistern und sich zu empören, wunderbare Fähigkeit – Fähigkeit der Verwunderung. In einem Wort: das Herz. In diesem Sinne unterscheidet sich ihre Revolte von denen, die ihr in diesem Jahrhundert voraufgingen, mit Ausnahme der der Surrealisten. Die Tradition dieser Jugendlichen ist eher poetisch und religiös als philosophisch und politisch; wie die Romantik, mit der sie mehr als einen Wesenszug gemein hat, ist ihre Revolte nicht so sehr intellektuelle Dissidenz, Heterodoxie, als leidenschaftliche, lebendige, libertäre Häresie. Gewiß, oft ist die Ideologie der Jugend eine Vereinfachung und unkritische Reduzierung der revolutionären

Tradition des Okzidents, die selbst scholastisch und intolerant ist. Die Infektion des Systemdenkens hat viele Gruppen erfaßt, die selbstherrlich autoritäre und obskurantistische Theorien wie den Maoismus und andere theologische Fanatismen vertreten. Den »chinesischen Marxismus« als politische Philosophie aufzufassen und zu versuchen, ihn auf die westlichen Industriegesellschaften zu übertragen, ist grotesk und verheerend zugleich. Aber nicht die Ideologie der Jugendlichen, sondern ihre offene Haltung, nicht so sehr ihr Denken als ihre Sensibilität ist das wirklich Neue und Einmalige. Ich glaube, daß in ihnen und durch sie, sei es auch dunkel und verworren, eine andere Möglichkeit des Okzidents aufkeimt, etwas, das die Ideologen nicht vorausgesehen haben und das nur einige wenige Dichter erahnten. Etwas, das noch ohne Form ist, wie eine Welt, die beginnt. Oder ist dies nur eine Illusion, sind diese Unruhen vielleicht nur die letzten Funken einer Hoffnung, die erlischt?

Einem Akteur oder Augenzeugen der Pariser Jugendrevolte vom Mai 1968 zuzuhören ist eine Erfahrung, die unsere Fähigkeit, objektiv zu urteilen, auf die Probe stellt. In allen Berichten, die ich gehört habe, taucht ein überraschendes Moment auf: die leidenschaftliche und zugleich nüchterne Tonalität der Revolte, als würden Aktion und Repräsentation miteinander verschmelzen: der Aufstand verwandelt sich in ein Fest und die politische Diskussion in eine Zeremonie, die sowohl am epischen Theater als auch am öffentlichen Bekenntnis teilhat. Das Geheimnis der Faszination, das die Bewegung auf alle ausübte, die, wenn auch nur als Zuschauer, ihre Kundgebungen erlebten, lag in ihrem Versuch, Politik, Kunst und Erotik zu vereinen. Verschmelzung von privater Leidenschaft und öffentlicher Leidenschaft, fortwährender Wechsel zwischen dem Wunderbaren und dem Alltäglichen, die Tat, die als ästhetische Darstellung erlebt wird, Verbindung von Handlung und ihrer Zelebrierung. Vereinigung des Menschen mit seinem Bild: die Spiegelungen des Spiegels aufgelöst in einem anderen leuchtenden Körper. Erfahrung der wirklichen Verwandlung: nicht einfach Wandel der Ideen, sondern der Sensibilität; mehr als eine Veränderung des Seins *ein erneutes Sein.* Eine gesellschaftliche und psychische Offenbarung, die einige Tage lang die Grenzen der Wirklichkeit ausdehnte und das Reich des Möglichen erweiterte. Die Rückkehr zum Ursprung, zum Anfang des Anfangs: man selbst sein, indem man mit allen ist. Wiederaneignung des Wortes: meine Worte sind deine, mit dir sprechen heißt mit mir sprechen. Wiederauftauchen all dessen – Kommunion, Transfiguration, Verwandlung von Wasser in Wein, des Wortes in Körper –, was die Religionen als das ihre reklamieren, das jedoch älter ist als sie und die andere Dimension des Menschen bildet, seine andere Hälfte und sein verlorenes Reich. Der Mensch, ewig vertrieben, in die Zeit geworfen und auf der Suche nach einer *anderen* Zeit – einer verbotenen, unzugänglichen Zeit: dem Jetzt. Nicht die Ewigkeit der Religionen, sondern die helle Glut des Augenblicks: Vollendung und Aufhebung aller Zeiten. Welches ist der Zugang zu dieser Gegenwart? André Breton sprach einmal von einem *außerreligiösen Heiligen*, bestehend aus dem Dreieck Liebe, Poesie und Rebellion. Dieses *Heilige* kann nur aus der Tiefe einer kollektiven Erfahrung entstehen. Die Gesellschaft muß es offenbaren, es verkörpern, es leben und damit sich selbst leben, sich selbst vollenden. Die Revolte als Weg zur Erleuchtung. Hier und jetzt: Sprung auf das andere Ufer.

Sehnsucht nach dem Fest. Das Fest ist jedoch eine Manifestation der zyklischen Zeit des Mythos, eine Gegenwart, die wiederkehrt, während wir in der linearen und profanen Zeit des Fortschritts und der Geschichte leben. Vielleicht ist die Jugendrevolte ein leeres Fest, ist sie Anrufung und Beschwörung eines Ereignisses, das immer in der Zukunft liegt, das niemals Gegenwart werden wird – das niemals sein wird. Vielleicht ist es aber auch ein Gedenken: die Revolution erscheint nicht mehr als die entfliehende, imminente Zukunft, sondern als Vergangenheit, in die wir nicht zurückkehren, die wir jedoch ebensowenig aufgeben können. Im einen wie im anderen Fall ist die Revolution nicht hier, sondern *anderswo,* immer *anderswo.* Besessen von der Erinnerung an ihre Zukunft oder an ihre Vergangenheit, von dem, was sie war oder von dem, was sie sein könnte – nein, nicht besessen: verlassen, leer, Waise ohne Ursprung und ohne Zukunft – von der Gesellschaft gehätschelt. Indem sie sie hätschelt, exorziert sie sie: einige Wochen lang negiert sie sich selbst in den Schmähungen und Lästerungen ihrer Jugend, um sich danach nur um so umfassender und vollkommener in der Repression zu affirmieren. Mimetische Magie. Die Jugend, das durch das Prestige der Profanierung gesalbte Opfer, ist der Sündenbock der Zeremonie: in ihr straft die Gesellschaft sich selbst, nachdem sie sich selbst profaniert hat. Symbolische Profanierung und Bestrafung: alles ist Repräsentation, auch wenn, wie am 2. Oktober 1968 auf der Plaza de Tlatelolco in Mexico-Stadt, die moderne Zeremonie an den aztekischen Ritus gemahnt (ihn wiederholt): Hunderte von jungen Männern und jungen Frauen, hingeschlachtet von Heer und Polizei auf den Ruinen einer Pyramide. Die Buchstäblichkeit des Ritus – die Realität des Opfers – unterstreicht grausam das Irreale der Repression, die zum Sühneopfer wird: das mexikanische Regime bestrafte in den Jugendlichen seine eigene revolutionäre Vergangenheit. Hier ist jedoch nicht der Ort, von Mexiko zu sprechen ... Ich möchte auf ein Phänomen eingehen, das nicht weniger universell ist als die Studentenrevolte: die Haltung der Arbeiterklasse und der Parteien, die sie vertreten oder zu vertreten behaupten.

In keinem Fall und in keinem Land haben die Arbeiter an der Bewegung teilgenommen, ausgenommen als momentane Verbündete und *à contre-cœur*. Eine schwer zu erklärende Gleichgültigkeit, es sei denn, wir akzeptieren eine der beiden folgenden Hypothesen: entweder ist die Arbeiterklasse keine revolutionäre Klasse, oder die Jugendrevolte gehört nicht in den klassischen Rahmen des Klassenkampfes (sie wäre gerade nur eines ihrer Epiphänomene). In Wirklichkeit sind diese beiden Erklärungen eine: wenn die Arbeiterklasse nicht (mehr) revolutionär ist und die sozialen Konflikte und Kämpfe nicht etwa schwächer werden, sondern sich noch verschärfen; wenn zudem die Zunahme dieser Kämpfe nicht mit einer ökonomischen Krise, sondern mit einer Phase des Überflusses zusammenfällt; wenn schließlich keine neue weltweite und ausgebeutete Klasse in Erscheinung tritt, die das Proletariat in seiner revolutionären Mission ersetzt ..., dann ist offensichtlich, daß die Theorie des Klassenkampfes den zeitgenössischen Problemen nicht Rechnung tragen kann. Nicht, daß sie falsch ist: sie ist unzureichend, und wir müssen nach einem anderen Prinzip, einer anderen Erklärung suchen. Einige werden sagen, daß die unterentwickelten Länder das neue Proletariat sind. Die Antwort darauf ist beinahe müßig: weder ist das Phänomen der kolonialen Abhängigkeit neu (Marx kannte es bereits), noch bilden diese Länder eine Klasse. Deshalb und auf

Grund ihrer sozialen, ökonomischen und geschichtlichen Heterogenität haben sie keine universalen Programme und Pläne, wie eine internationale Klasse, Partei oder Kirche sie hat, noch können sie solche ausarbeiten. Und was die Jugend betrifft: keine dialektische Spitzfindigkeit und kein Kunstgriff der Vorstellungskraft könnte sie in eine soziale Klasse verwandeln. So erweist sich die Haltung der Jugendlichen aus der Perspektive der revolutionären Doktrinen tatsächlich als kaum erklärbar: sie haben nichts zu gewinnen, keine Philosophie hat sie zu Akteuren der Geschichte ernannt, und sie drücken keinerlei universelles geschichtliches Prinzip aus. Seltsame Situation: sie stehen außerhalb des realen Dramas der Geschichte, so wie das biblische Lamm außerhalb des Dialogs zwischen Jehova und Abraham stand. Die Situation ist weniger seltsam, wenn man erkennt, daß das Opfer, wie auch der gesamte Ritus, eine Repräsentation ist, besser gesagt: eine Hypostase der alten revolutionären Klassen.

Die moderne Welt entstand mit der demokratischen Revolution des Bürgertums, die die Politik gewissermaßen nationalisierte und kollektivierte. Als man der Kollektivität einen Bereich öffnete, der bislang die ausschließliche Domäne einiger weniger gewesen war, glaubte man, daß die allgemeine Politisierung (die Demokratie) unmittelbar zur Verteilung der Macht auf alle führen müßte. Obwohl die Demokratie sich durch die Manöver der Parteien und die Manipulation der Informationsmedien in ein System verwandelt hat, in dem einige wenige die Macht kontrollieren und in ihren Händen konzentrieren, suchen uns die Gespenster der revolutionären Demokratie heim: all diese Prinzipien, Überzeugungen, Ideen, Lebens- und Gefühlsformen, die unsere Welt hervorgebracht haben. Sehnsucht und Reue. Deshalb wahrscheinlich zelebriert die Gesellschaft kostspielige und bisweilen blutige revolutionäre Rituale. Die Zeremonie gedenkt einer Abwesenheit, oder, genauer gesagt, sie ruft, beschwört und straft zugleich eine Abwesende. Diese Abwesende hat einen öffentlichen Namen und einen anderen, geheimen Namen: der erste ist Revolution und verweist auf die lineare Zeit der Geschichte; der andere ist Fest und evoziert die zirkuläre Zeit des Mythos. Sie sind ein und dasselbe: die Revolution, die wiederkehrt, ist das Fest, der Anfang des Anfangs, der zurückkehrt. Nur kehren sie nicht wirklich zurück: alles ist Pantomime, und am nächsten Tag Ernüchterung und Buße. Fest der Göttin Vernunft – ohne Robespierre und Guillotine, aber dafür mit Tränengas und Fernsehen. Die Revolte als verbale Orgie, Saturnalien der Gemeinplätze. Katzenjammer des Festes.

Oder ist die Jugendrevolte ein Zeichen mehr, daß wir ein *Ende aller Zeiten* erleben? Ich habe meine Überzeugung bereits dargelegt: die moderne Zeit, die lineare Zeit, Homolog der Ideen des Fortschritts und der Geschichte, unaufhörlich der Zukunft entgegeneilend, die Zeit des Zeichens *Nicht-Körper*, das darauf beharrt, die Natur und die Triebe zu beherrschen; die Zeit der Sublimierung, der Aggression und der Selbstverstümmelung: unsere Zeit – geht zu Ende. Ich glaube, daß wir in eine andere Zeit eintreten, eine Zeit, die noch nicht ihre Form erkennen läßt und von der wir nichts sagen können, als daß sie weder linear noch zyklisch sein wird. Weder Geschichte noch Mythos. Die Zeit, die wiederkehrt, wird, wenn wir tatsächlich eine Zeitenwende, eine allgemeine Revolte erleben, weder eine Zukunft noch eine Vergangenheit, sondern eine Gegenwart sein. Zumindest fordern dies dunkel die gegenwärtigen Rebellionen. Und auch Kunst und Dichtung fordern nichts anderes, wenn Künstler und Dichter sich dessen auch bisweilen nicht bewußt sind. Die Wiederkehr der Gegenwart: die Zeit, die kommt, ist durch ein *Hier* und ein *Jetzt* definiert. Sie wird damit zur Negation des Zeichens *Nicht-Körper* in all seinen westlichen Varianten, seien diese nun religiös oder atheistisch, philosophisch oder politisch, materialistisch oder idealistisch. Die Gegenwart projiziert uns in kein Jenseits – nicht in die irisierenden Ewigkeiten der anderen Welt und nicht in die abstrakten Paradiese am Ende der Geschichte –, sondern in den Kern, in das unsichtbare Zentrum der Zeit: hier und jetzt. Fleischliche Zeit, sterbliche Zeit: *die Gegenwart ist nicht unerreichbar, die Gegenwart ist kein verbotenes Terrain*. Wie sie berühren, wie in ihr transparentes Herz eindringen? Ich weiß es nicht, und ich glaube, daß niemand es weiß ... Vielleicht wird das Bündnis von Poesie und Rebellion uns die Vision schenken. In ihrer Verbindung sehe ich die Möglichkeit der Wiederkehr des Zeichens *Körper:* die Verkörperung der Bilder, die Rückkehr der menschlichen Gestalt, strahlend und Symbole ausstrahlend. Wenn die gegenwärtige Rebellion (und dabei denke ich nicht nur an die der Jugendlichen) sich nicht in eine Aufeinanderfolge von Krawallen auflöst und nicht in autoritäre und geschlossene Systeme entartet, wenn sie ihre Leidenschaft in der poetischen Imagination artikuliert, im freiesten und weitesten Sinne des Wortes Poesie, dann werden wir ungläubigen Auges das Erwachen und die Rückkehr jener körperlichen und geistigen Wirklichkeit in unsere verächtliche Welt erleben, die da heißt: *geliebte Präsenz*. Dann wird die Liebe aufhören, die isolierte Erfahrung eines Individuums oder eines Paares zu sein, eine Ausnahme oder ein Skandal ... Zum ersten und zum letzten Mal tauchen in diesen Überlegungen das

Wort *Präsenz* und das Wort *Liebe* auf. Sie waren das Samenkorn des Abendlandes, der Ursprung unserer Kunst und unserer Dichtung. In ihnen liegt das Geheimnis unserer Auferstehung.

Delhi, September bis Oktober 1968
Pittsburgh und Chatham, Juli bis August 1969

Abbildungen

El Fenómeno. Stich von Posada. Mexico, Instituto Nacional de Bellas Artes.

Die Venus im Spiegel. Ölgemälde von Velázquez. London, National Gallery.

Le Veau d'Or. Titelblatt des *Petit Journal*, Paris, 31. Dezember 1892.

Finis Gloriae Mundi. Gemälde von Valdés Leal. Sevilla, Hospital de la Caridad.

Kufische Inschrift in einer Mauer des Qtab Minar, Delhi.

Paar der Caitya aus Karli, 2. Jahrhundert v. Chr. (Cf. H. Zimmer, *The Art of Indian Asia*).

Candra Yakhsi der Stupa von Barhut (Ibid.)

Das »Grab der Zeit«, mexica-Kultur, 14.-16. Jahrhundert, Mexico-Stadt, Museo Nacional de Antropología.

Vision der Offenbarung des hl. Johannes. Tympanon, um 1130, Moissac, Abteikirche.

Eva. Relief der Saint-Lazare-Kirche in Autun, 1125-1130.

Yogi mit sechs Cakras. Kangra Schule, 18. Jahrhundert (Cf. Ajit Mookerjee, *Tantra Art*).

Mädchen, das ein Buch vom Bett liest. Aus einem Buch mit Bildern des Wu Yu, 19. Jahrhundert (Cf. R. H. van Gulik, *Sexual Life in Ancient China*).

Mädchen, das sexuelle Erregung an einem Baum sucht. Aus einem chinesischen Album des 18. Jahrhunderts (Cf. Philip Rawson, *Erotic Art of the East*).

Das Gleichgewicht zwischen dem männlichen und weiblichen Prinzip. Illustration von Hsin-ming-kuei-chih, 17. Jahrhundert (Cf. R. H. van Gulik, op.cit.).

Liebespaar. Hindu-Miniatur, Rajasthan, 18. Jahrhundert (Cf. Mul Raj Anand, *Kama Kala*).

Die Wollust. Freske der Kirche von Tavant, 12. Jahrhundert.

La mariée mise à nu par ses célibataires, même. Le »Grand Verre« von Marcel Duchamp, Philadelphia-Museum. Copyright bei A.O.A.G.P., Paris & COSMOPRESS, Genf.